育て、磨き、輝かせる

インバウンドの消費促進と地域経済活性化

公益財団法人 日本交通公社 [編著]

ぎょうせい

はじめに

　近年、訪日外国人旅行者数は毎年過去最高を更新し続けています。また、リピーターも増え、都市部だけでなく地方部にも足を伸ばして日本のさまざまな魅力を体験したいというニーズも高まっています。一方、こうした需要を受け止める市町村、特に地方部では人口減少が進行しており、インバウンドによる交流人口に寄せる期待も大きくなってきています。実際、こうした期待を裏づけるようにインバウンドの振興に重点的に取り組む都道府県が9割以上となっています（第1章）。

　一方で、全国的に都道府県や市町村でインバウンド施策が進められていくと、訪日外国人旅行者を取り合う競争環境となることが予想されます。こうした環境下においては、行政のインバウンド施策や、各事業者の取り組みによって、訪日外国人旅行者の来訪を地域の経済効果向上に結びつけることができる地域とそうでない地域の差が広がっていく可能性があります。今後、インバウンド需要を取り込もうとする地域にとって参考となりうるのは、先進的にインバウンド対応事業や施策を行い、特に地域への経済効果向上の観点から、どのような成果を上げてきたのか検証し、施策や事業を検討することが重要です。

　そこで、本書では、経済効果を高めるにあたって重要な「訪日外国人旅行者を“増やす”」「訪日外国人旅行者の消費単価を“上げる”」「域内調達率を“高める”」を実現するために必要な視点を整理し、視点ごとに先進事例を紹介しています（第2章）。
　また、昨今のインバウンドブームが到来する前から訪日外国人旅行者を受け入れていた観光地（岐阜県高山市・山梨県富士河口湖町）に着目し、観光地を取り巻く環境が変化するなか、これらの観光地が中長期的に「訪日外国人旅行者を“増やす”」「訪日外国人旅行者の消費単価を“上

げる”」「域内調達率を“高める”」ためにどのような施策を行い、どのような成果が得られたのかをまとめました（第3章）。

　本書はインバウンドに取り組む行政の観光担当者や、観光推進組織の事務局など、現場で日々観光施策に取り組む方々を対象としています。
　また、単なる事例紹介に留まらず、取り組みを実現するにあたっての課題や苦悩、これらをどう乗り越えたか等についても注目し、紹介しています。取り組みそのものもさることながら、その「過程」にも注目していただき、インバウンド需要を地域経済の活性化に結びつけていくためのヒントとなる事例集となれば幸いです。

　最後に、本書の発刊は全国でインバウンド施策、事業に取り組む多くの方々への取材なくして実現しませんでした。この場を借りてお礼申し上げます。

2018年5月

執筆者を代表して
公益財団法人日本交通公社
観光経済研究部主任研究員

柿島　あかね

目　次

はじめに

第1章　訪日外国人旅行者の消費と地域への経済効果

1. なぜ今、地方でインバウンドなのか？ ······················ 2

① インバウンドは地方分散化、FIT化の時代へ／2

② 地方創生におけるインバウンドへの期待／3

2. 地域の経済効果向上の考え方 ····························· 7

① 経済効果を高める三つの視点／7

② 地域の経済効果を高めるために／9

コラム1　北海道釧路市の取り組み
　　　　　―観光振興の成果指標は「質」から「量」へ―／10

第2章　最新20事例に学ぶ！　経済効果向上へのカギ

1. 訪日外国人旅行者を「増やす」······························ 12

① 訪日外国人の来訪動機／12

② 魅力を伝える／13

③ 交通アクセスと広域ルート／15

④ 市場の絞り込みとオフシーズンの集客／16

視点1　地方に来てもらう····································· 17

事例1-1　魅力の発信 ······································· 17

○地域における継続的なプロモーション【宮島（広島県）】／17

1

事例1-2　交通手段・安心の訴求と広域連携 ･･･････････ 25

① 移動サービスの提供―バスによる空港と観光地間のアクセス向上―
【仙台空港（宮城県）】／25

② 移動サービスの提供―レンタカーによる周遊観光の利便性向上―
【九州レンタカードライブ振興協議会】／28

③ 安心して楽しめる環境整備【佐賀県観光連盟（佐賀県）】／32

視点2　新たな市場の開拓 ･･･････････････････････ 37

事例2-1　富裕層への訴求 ･･････････････････････ 37

① 「日本の田舎」の提供【軒下図書館（岡山県西粟倉村）】／37

② 「本物の日本文化」の提供
【株式会社日本の窓（京都府京都市）】／39

事例2-2　新たな魅力づくり ･･････････････････････ 42

① ターゲットを絞り込んだプロモーション
【祖谷渓温泉（徳島県三好市）】／42

② 「非日常空間」宿坊の魅力づくり【高野山（和歌山県高野町）】／44

2. 訪日外国人の旅行消費単価を「上げる」 ･･･････････ 48

① 訪日外国人の旅行消費単価の特徴／48

② 単価の伸びしろは「エンターテインメント」にあり！／49

③ 旅行者の消費を促す「場」づくりが単価向上のカギ／51

視点3　消費時間を増やす ････････････････････････ 52

事例3-1　早朝・夜間の消費促進 ･･････････････････ 52

① 早朝の消費促進【宮川朝市（岐阜県高山市）】／52

コラム2　日本の弱みはナイトライフ／55

② 夜間の消費促進―日本人の生活体験の障壁を取り除く―
【TOKYO YOKOCHO Week（東京都）】／56

③ 夜間の消費促進―言語による障壁を取り除く―
【ギア―GEAR―（京都府京都市）】／57

視点4　消費拠点・消費対象を増やす ･･･････････････ 60

事例4-1　集める ･･･････････････････････････････ 60

① 食のショーケースとしての屋台村の整備
【かごっまふるさと屋台村（鹿児島県鹿児島市）】／60

② 空き店舗を活用したメインストリートの再整備
【株式会社WAKUWAKUやまのうち（長野県山ノ内町）】／65

事例4-2　周遊パスを活用した消費促進 ·················· 70

○周遊パスによる行動範囲の拡大と消費促進
【大阪周遊パス（大阪観光局）】／72

事例4-3　古民家宿を核とした消費促進 ·················· 81

○高価格帯の宿を拠点とした周辺商店街での消費促進
【京町家コテージkarigane（京都府京都市）】／81

3. 域内調達率を「高める」 ·················· 91

視点5　地域の産品を活用する ·················· 94

事例5-1　宿と生産者をつなぐ ·················· 94

○「地域の八百屋」がつなぐ宿と農家
【特定非営利活動法人 素材広場（福島県会津若松市）】／94

コラム3　地元素材を活用し会津らしさで魅了
「東山温泉 庄助の宿 瀧の湯」／99

事例5-2　商品開発を支援する ·················· 102

○地域の拠点施設による商品開発支援
【道の駅阿蘇（熊本県阿蘇市）】／102

コラム4　地域伝統野菜の上手な使い方「阿蘇タカナード」／109

事例5-3　活用する資源を広げる ·················· 111

○活用する地域資源の拡大
【薪ボイラー導入プロジェクト（徳島県三好市）】／111

視点6　地域の人材を活用する ·················· 119

事例6-1　雇用を安定化させる ·················· 119

○旅館業における地域人材の育成と定着
【湖楽おんやど 富士吟景（山梨県富士河口湖町）】／119

コラム5　子育て世代が働きやすい環境づくり／123

事例6-2　体験型消費を促す ･･･････････････････････ 124
　○地域の生活体験プログラムを通じた地場産業への波及
　【ずくだしエコツアー（長野県千曲市）】／124

第3章　育て、磨き、輝かせる！インバウンド受入殿堂観光地に学ぼう

1. 岐阜県高山市 ･･･････････････････････････････ 132

1 観光地の概要とこれまでの取り組み ･･････････････ 136

■岐阜県高山市の概要 ･･････････････････････････ 136

■経済効果を高めるためのこれまでの取り組み ････････ 138

① 訪日外国人旅行者を「増やす」／138

② 訪日外国人旅行者の消費単価を「上げる」／143

③ 域内調達率を「高める」／144

■経済効果向上に資する取り組みのポイントと今後の課題･･･ 145

2 物産と観光の好循環による経済効果向上の取り組み ･･･････ 147

■高山市における物産と観光の好循環を生み出す取り組み･･･ 147

事例1　香港における飛騨牛の認知度向上と流通促進 ･･････ 148

事例2　パリにおける高山産品の認知度向上と流通促進 ････ 154

コラム6　研修派遣と戦略派遣は違う!?
　　　　　―高山市の「戦略派遣職員」―／158

コラム7　高山へ来た人に高山を知ってもらい、消費してもらおう！
　　　　　―GREEN Cooking Studioの郷土料理体験―／160

2. 山梨県富士河口湖町 ･･･････････････････････ 162

1 観光地の概要とこれまでの取り組み ･･････････････ 166

■富士河口湖町の概要 ･･････････････････････････ 166

■経済効果を高めるためのこれまでの取り組み ････････ 168

① 訪日外国人旅行者を「増やす」／168

② 訪日外国人旅行者の消費単価を「上げる」／168

③ 域内調達率を「高める」／172

■経済効果向上に資する取り組みのポイントと今後の課題・・・ 172

2 **富士河口湖町の花を活用した需要平準化の取り組み**・・・・・・・ 174

事例1　閑散期への誘客手段としての花資源の活用

**　　　　―河口湖ハーブフェスティバル―**・・・・・・・・・・・・・・・・ 176

事例2　イベントにおける消費促進―富士芝桜まつり―　・・・・・・ 180

あとがき ――インバウンドの経済効果事例を読み解く ・・・・・・・・・・・ 185

索　引・・ 188

第1章　訪日外国人旅行者の消費と地域への経済効果

第1章◆訪日外国人旅行者の消費と地域への経済効果

なぜ今、地方でインバウンドなのか？

① インバウンドは地方分散化、FIT化の時代へ

　2017（平成29）年の訪日外国人旅行者は過去最高の2,869万人（前年比19.3％増）、5年連続で過去最高を記録しました。背景には、近年のLCCも含めた航空路線の拡大、クルーズ船の寄港回数の増加などに加え、2003（平成15）年以降、継続的に行っている「ビジット・ジャパン・キャンペーン」、近年のビザの大幅緩和、消費税免税制度の拡充など、さまざまな取り組みを戦略的に行ってきた成果といえるでしょう。

　また、訪日外国人旅行者の増加とともに、その旅行内容も変化してきています。その一つ目が、観光・レジャー目的におけるFIT（Foreign Independent Tour／航空券や宿泊施設を個別に手配する旅行）化です。旅行手配方法の推移を見てみると、年々、個別手配が増えており、2016（平成28）年は特にその傾向が顕著となっています（図表1）。自由に日本を楽しみたい訪日外国人旅行者が年々増えてきていることを示しています。

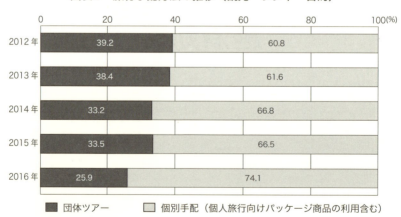

図表1　旅行手配方法の推移（観光・レジャー目的）

資料：訪日外国人消費動向調査（観光庁）

1. なぜ今、地方でインバウンドなのか？

　二つ目は地方分散化です。近年では、LCC も含めた航空路線の拡大による海外からの地方都市への就航便数の増加、さらに、訪日外国人を対象とした国内の鉄道や高速バスなどの周遊パスの充実によって地方へのアクセス環境は格段に向上してきています。これらを踏まえると、FIT が地方を訪問する環境が徐々に整備され始めてきており、今後は地方を訪問する FIT も増えることが予想されます。

②　地方創生におけるインバウンドへの期待

　それでは、こうした増え続ける訪日外国人旅行者を受け入れる我が国の方針を見てみましょう。

　政府では観光を我が国の基幹産業へと成長させ、「観光先進国」となるため、2016年3月に「明日の日本を支える観光ビジョン」を策定しました。ビジョンでは「全国津々浦々その土地ごとに、日常的に外国人旅行者をもてなし、我が国を舞台とした活発な異文化交流が育まれる、真に世界へ開かれた国」となることが掲げられ、特にインバウンド施策には意欲的な目標数値が並んでいます（図表2）。

　また、このビジョンの大きな特徴は、観光を地方創生の切り札として位置づけていることです。目標では、地方部（三大都市圏以外）における外国人延べ宿泊者数を2020年までに7,000万人泊（2015年の3倍程度）と、地方を対象とした具体的な目標を定めている他、訪日外国人の

図表2　「明日の日本を支える観光ビジョン」主な目標数値

	2020年	2030年
訪日外国人旅行者数	4,000万人	6,000万人
訪日外国人旅行消費額	8兆円	15兆円
地方部（三大都市圏以外）での外国人延べ宿泊者数	7,000万人泊	1億3,000万人泊
外国人リピーター率	2,400万人	3,600万人
日本人国内旅行消費額	21兆円	22兆円

資料：明日の日本を支える観光ビジョン（明日の日本を支える観光ビジョン構想会議）

第1章◆訪日外国人旅行者の消費と地域への経済効果

旅行消費額を8兆円（2015年の2倍超）としています。
　国内の旅行消費額の推移を見ると、旅行消費額全体に占める訪日外国人旅行の割合は年々高くなっていること（図表3）や、1人1回当たりの旅行単価では日本人よりも高いこと（図表4）もあり、意欲的な目標が掲げられています。これを達成するためには、ビジョンの中でも「地方の商店街等における観光需要の獲得・伝統工芸品等の消費拡大」に言及されており、都市部だけではなく、地方部でも訪日外国人の消費活動

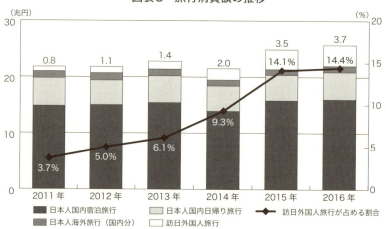

図表3　旅行消費額の推移

資料：「旅行・観光消費動向調査・平成28年年間値（確報）」（観光庁）より（公財）日本交通公社作成

図表4　1人1回当たりの旅行単価の推移

資料：「旅行・観光消費動向調査・平成28年年間値（確報）」（観光庁）より（公財）日本交通公社作成

を促進することが見てとれます。訪日外国人をたくさん呼び込むだけではなく、地方に分散させ、そこでしっかりと消費をしてもらい、地域の経済効果に結びつけていくことの重要性が示されたビジョンであるといえるでしょう。

また、旅行者を受け入れる地方部では、少子高齢化によって定住人口が減少しており、訪日外国人旅行者による交流人口の拡大に寄せる期待は今まで以上に大きくなるでしょう。都道府県・政令指定都市観光政策アンケート調査検討委員会[1]が実施した「都道府県及び政令指定都市の観光政策に関するアンケート調査」の結果、重点的に取り組む分野として「国際観光の振興」を挙げる都道府県が多いこと（平成28年は86.7%、平成29年は95.5%）からも明らかです（図表5）。

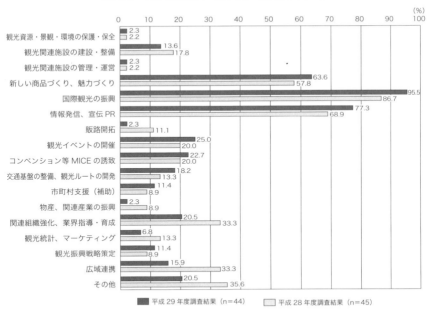

図表5　特に重点的に取り組む観光施策分野

出典：「都道府県」の観光政策に関するアンケート調査（都道府県・政令指定都市観光政策アンケート調査検討委員会）

1　観光庁の協力のもと（公財）日本交通公社、大学、民間シンクタンクが参画

その際、国内の自治体で訪日外国人旅行者を取り合う、いわば競争的環境となることが予想され、こうした環境下においては、行政のインバウンド施策や、各事業者の取り組みによって、訪日外国人旅行者の来訪を地域の経済効果向上に結びつけることができる地域とそうでない地域の差が広がっていく可能性があります。今後、インバウンド需要を取り込もうとする地域にとっては、先進的にインバウンド対応事業や施策を行い、特に地域への経済効果向上の観点から、どのような成果を上げてきたのか検証し、施策や事業を検討することが重要です。

そこで、本書では、経済効果を高めるにあたって重要な「訪日外国人旅行者を"増やす"」「訪日外国人旅行者の消費単価を"上げる"」「域内調達率を"高める"」を実現するために必要な視点を整理し、視点ごとに先進事例を紹介します（第2章）。

また、昨今のインバウンドブームが到来する前から訪日外国人旅行者を受け入れていた観光地（岐阜県高山市・山梨県富士河口湖町）にも着目し、観光地を取り巻く環境が変化するなか、これらの観光地がどのような施策を行い、どのような成果が得られたのかをまとめました（第3章）。

2. 地域の経済効果向上の考え方

① 経済効果を高める三つの視点

　地域の経済は、地域外からの収入が地域内で働く人の所得となり、さらに日用品の購入や生活サービスを通じて地域内で消費が生まれ、これが地域住民の所得につながる循環が存在しています。こうした循環を踏まえると、地域外を主な市場とする観光は農業や製造業などと並び、地域外からの収入を得られる貴重な一手段として地域経済にとって重要な役割を果たしています。また、これまで国内市場が中心だった地域外市場が、少子高齢化に伴い旅行市場が縮小していること、代わってインバウンドの比重も高まり始めていることを意識し、これに対応することが売り上げ増はもとより、地域経済循環の活性化や経済効果に寄与していくものと考えられます。

　では、実際にどのような方法で経済効果を高めていくのでしょうか。地域の経済効果向上にあたっては、以下の三つの視点が重要となります（図表6）。

「① 旅行者（本書においては訪日外国人旅行者）を増やす」
「② 1人当たりの消費単価を上げる」
「③ 域内調達率を高める」

図表6　地域の経済効果向上にあたってのポイント

資料：（公財）日本交通公社作成

①×②は「観光消費額」と呼ばれるものです。しかし、これだけではなく、③の域内調達率（地域内から原材料や雇用者を調達する率）も高めることが重要となります。域内調達率が高ければ地域内で留まる金額が多くなり、経済効果は高くなりますが、この比率が低ければ地域外に流出する金額が多くなり、経済効果は低くなるためです。

例えば、一見、入込客数が多い観光地だとしても、その多くが滞在時間の短い日帰り客で、1人当たりの消費単価が低い場合、経済効果はあまり高くなりません。同様に、その観光地のレストランで提供される食事に使われている食材が地域外から購入したものが多い場合は、地域内の波及効果は商業マージンと輸送サービスの一部に留まり、経済効果は低くなってしまいます。①、②、③をバランスよく高め、これらの相乗効果によって地域の経済効果は向上していくのです。

では、観光地ではどのような施策が行われてきているのでしょうか。

①については、古くから観光キャラバンや観光地のポスター作成が行われてきました。最近では、地方自治体等の代表が自らの地域を売り込むトップセールス、海外で開催される見本市・商談会等への参加、海外メディア・旅行関係者を地域に招聘し、観光地のPRや意見交換などを行うファムトリップの実施など、入込客数を増やすための施策が積極的に行われてきています。

②については、近年、観光の現場でも観光客数等の「量」から、消費単価や滞在の満足度等の「質」を重視した施策が増えてきており、観光振興計画の成果指標として、旅行者数だけではなく1人当たりの消費単価を把握したり、また、地域全体の観光消費額を把握する都道府県、市町村も増えています（コラム1「北海道釧路市の取り組み」参照）。

一方、③の域内調達率についてはその重要性について認識されてきてはいるものの、①や②に比べるとこれまで積極的に施策を展開してきたわけではありません。観光は運輸業、宿泊業、飲食業、さらには農林漁業、製造業、サービス業など、幅広い業種に波及する産業です。これらの域内調達率を向上させるためには、地域の産業が充実している必要が

あります。言い換えれば、観光は地域の産業がしっかりとしている上で成り立つものともいえるでしょう。今後は観光に携わる行政、事業者はこうした意識を持ち、日ごろから観光関連産業以外の業種とも相互理解を深め、連携の可能性を模索していくことも重要となってくるでしょう。

② 地域の経済効果を高めるために

これまでに紹介した①～③の取り組みは完全に独立しているわけではなく、相互に影響しあうことによって経済効果が高まると考えられます。例えば、地域内に新たな観光施設を造る場合、①訪日外国人旅行者を増やすことに通じるだけでなく、地域内の滞在時間が延び、地域内での消費機会も増えることから、②消費単価の向上にもつながる可能性が高くなります。また、この施設内で地場産品を販売すれば、③域内調達率を高めることにもつながります。このように、何らかの施策や事業を行う際には、①～③の視点から、経済効果を最大化するにあたって地域に適した取り組みを検討することが重要となるでしょう。

コラム1

北海道釧路市の取り組み
―観光振興の成果指標は「質」から「量」へ―

北海道釧路市では2000年代初めから、釧路市単独の地域産業連関表を作成し、地域産業全体の中での観光産業の実態と今後の可能性などを把握し、観光消費を地域経済の安定的かつ自立的な発展に結びつけていくための戦略を探ってきました（図表7）。

こうした流れを受け、2006年に策定された「第一期釧路市観光振興ビジョン」では、観光振興の視点として量（例：観光客数等）から質（例：滞在の満足度、経済波及効果等）への転換が必要であるとの認識のもと、質を評価する指標を重視した施策を進めてきました。この一つが、2009年に釧路市・釧路公立大学地域経済研究センターが実施した「釧路市観光産業の発展に向けての経済効果に関する調査研究」です。この調査では、地域における観光消費額と経済波及効果を推計し、その結果をまとめ、市民に対して観光振興の意義を具体的に提示し、観光に対する理解促進を図ってきました（図表8）。

2017年に策定された「第二期釧路市観光振興ビジョン」では、釧路市の理念でもある「外から稼ぐ」、（域外から財を取り込むこと）「域内循環」（外から取り込んだ財を域内で循環させながら域内の需要を高めていくこと）を踏まえ、「みんなが担う、みんなが育てる観光産業により持続可能な自立型の地域経済の実現」を目指す将来像に掲げ、計画の目標達成度を測る指標を「経済波及効果」とし、基準年次の2倍（約500億円）にすることが掲げられています。

図表7　地域経済の自立的発展と観光産業

図表8　釧路市の持続的発展に向けての観光産業の役割

第2章 最新20事例に学ぶ！
経済効果向上へのカギ

1. 訪日外国人旅行者を「増やす」

　観光の経済効果を高めるためには、まず外国人客に足を運んでもらわなければなりません。そして、足を運んでもらうためには、どこかのタイミングで地域の魅力を知ってもらい、「ここに行きたい」と思ってもらわなければなりません。

　その上で、外国人にとって「行きやすいところ」であって、言葉が通じなくても「安心して行けるところ」と認識されていることが大切です。

① 訪日外国人の来訪動機

　まず、外国人にとって地域の魅力とはどのようなものでしょうか。図表1は、訪日旅行で地方観光地への訪問を希望する人に聞いた「訪れた際にしたいこと」を上位から順に示したものです。

　これをみると、体験したい活動は、温泉、自然観光、料理、歴史文化観光、紅葉や雪景色などの季節資源など、多岐にわたっていることがわかります。

　また、これらの多くは国内旅行者が上位に挙げる旅行の動機とも重なっています。外国人だからといって、旅行の動機が日本人と大きく異なるということはありません。地域の持つ資源をしっかり発信できれば、誘客のチャンスはあります。

　もちろん、発地国の生活環境や文化によっても、魅力的な地域資源は異なってきます。例えば、東南アジアの人々にとって北国の寒さは非日常です。現地で旅行会社の人に聞くと、「夏にわざわざ日本に来る気にはならない」と言われます。

　京都をはじめ、高山、宮島といった日本の著名な歴史観光地を訪れる外国人は、もともと欧米客が中心です。これも、異文化としてみた距離感が欧米との間で大きいからと言えるでしょう。

　また、温泉地での共同浴場は、日本人の多くにとっては当たり前のこ

1. 訪日外国人旅行者を「増やす」

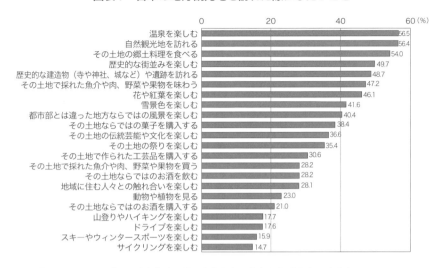

図表1　日本の地方観光地を訪れた際にしたいこと

項目	%
温泉を楽しむ	56.5
自然観光地を訪れる	56.4
その土地の郷土料理を食べる	54.0
歴史的な街並みを楽しむ	49.7
歴史的な建造物（寺や神社、城など）や遺跡を訪れる	48.7
その土地で採れた魚介や肉、野菜や果物を味わう	47.2
花や紅葉を楽しむ	46.1
雪景色を楽しむ	41.6
都市部とは違った地方ならではの風景を楽しむ	40.4
その土地ならではの菓子を購入する	38.4
その土地の伝統芸能や文化を楽しむ	36.6
その土地の祭りを楽しむ	35.4
その土地で作られた工芸品を購入する	30.6
その土地で採れた魚介や肉、野菜や果物を買う	28.2
その土地ならではのお酒を飲む	28.2
地域に住む人々との触れ合いを楽しむ	28.1
動物や植物を見る	23.0
その土地ならではのお酒を購入する	21.0
山登りやハイキングを楽しむ	17.7
ドライブを楽しむ	17.6
スキーやウィンタースポーツを楽しむ	15.9
サイクリングを楽しむ	14.7

資料：「DBJ・JTBFアジア・欧米豪訪日外国人旅行者の意向調査（平成29年版）」

とですが、外国人にとっては必ずしもそうではありません。そのため、家族風呂やシャワー室といった施設を用意した方が好まれるケースもあります。もっとも、訪日リピーターの中には共同温泉ファンに転じる人も増えていますから、外国人にとっての日本の魅力自体も日々変化していくものと言えます。

　地域が保有する観光資源や文化は不変としても、外国人市場に向けた活用の仕方や発信の内容などは、市場に合わせて調整をしていく工夫が必要なのです。

② **魅力を伝える**

　地域の魅力はどのように伝わるのでしょうか。

　情報を伝える媒体には、ガイドブック、テレビ、ラジオ、雑誌などのマスメディア、家族や知り合いからの口コミ、インターネットでの検索、SNSなど様々な媒体があります。

　観光庁の調査で、「出発前に得た旅行情報源で役に立ったもの」を複

図表2　出発前に得た旅行情報源で役に立ったもの【観光・レジャー目的】

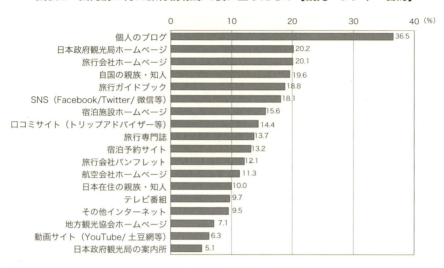

資料：「訪日外国人消費動向調査2016年」観光庁

数回答形式で聞いています。訪日外国人の中で最も多く挙げられた情報源は、「個人のブログ」で36.5％でした。FIT（個人手配旅行）が多い韓国では60％を超えています。「日本政府観光局ホームページ」は20.2％で、香港、シンガポール、台湾などで30％を超えています。

「旅行会社ホームページ」は20.1％で、個人ビザに制約があり、団体旅行での訪問比率が高い中国や、ベトナムやインドネシアなどの訪日市場における新興国で高い傾向があります。

近年の傾向としては、FIT化が進む中で、トリップアドバイザーなどの旅行情報サイトや宿泊予約サイトでの口コミ情報、Facebook、Instagram等のインターネット上のSNSの重要性が年々高まっています。一方で、「旅行ガイドブック」や「テレビ」など昔からあるメディアにも依然として大きな影響力があります。

国際的な観光地である高山市や宮島、沖縄などでは、長い年月をかけて様々なメディアを通じて情報発信を続けて来ました。蓄積された情報は、外国人が旅行先を決める際に大きな力となります。視点1では、地

域の魅力の発信の先進事例として、廿日市市・宮島の観光宣伝と受け入れ態勢の歴史を紹介します。

③　交通アクセスと広域ルート

　ある観光地に行きたいと思っても、「そこにスムーズにたどり着くための交通手段があるか」は大きな制約条件になります。仮に交通手段があっても、日本語がわからない外国人に対して前もって多言語で交通アクセス情報が提供されている必要があります。

　また、海外のトラベルフェアや旅行会社へのプロモーションにおいては、単独の自治体でのPRよりも、広域ルートとしてのPRの方が効果的です。そして、地方では観光資源や宿泊拠点が分散していることが多いですから、これらの資源を結ぶ観光ルートがリーズナブルなコストで円滑に旅行できるように整備されていることが重要になります。

　広域ルートの交通拠点には、多言語対応の案内所やサービスが整っていることも重要です。さらに、病気になったり事故にあったりといった何らかのトラブルが生じた際にどういうサポートがあるのか、といった不安を解消する取り組みも重要になります。これは誘客に役立つだけでなく、観光地に対するマイナス面の口コミ情報を抑制することにもつながります。

　視点1の事例1-2では、FIT客の広域での周遊を容易にする施策を紹介します。観光地へのアクセス整備の事例として、仙台空港の観光地への直行バス路線の整備、レンタカー利用の促進施策である「九州ドライブキャンペーン」、佐賀県観光連盟のコールセンターとアプリを組み合わせたおもてなしプログラム「どがんしたと」を取り上げます。

　なお、リーズナブルでスムーズな周遊を実現する施策として、鉄道やバス等による周遊パスやフリー切符の存在も重要です。これについては、回遊による消費促進の観点から視点4でご紹介することとします。

④ 市場の絞り込みとオフシーズンの集客

　地域の持つ資源性にはそれぞれ特徴があり、その魅力に引き付けられる客層（性年代、国、所得水準等）にも一定の傾向があります。例えば、伝統工芸の職人技など本物（Authentic）を体感することは、欧米の富裕層に比較的好まれます。宿坊体験なども異文化体験として、欧米の方を中心に今後有望な資源となるでしょう。一方で、富士山や桜並木のような自然景観や、大きな社寺のようにビジュアルに訴求できる資源はアジアの国々にも受け入れやすい傾向があります。効果的な誘客を進めるためには、地域の資源性を踏まえたターゲットの絞り込みが重要です。

　また、観光の客層は、季節や曜日によっても異なります。観光地の経営という視点からは、できるだけオフシーズンの期間を縮めて、年間での収益性を高めることで、設備投資や人材の定着を促進することが重要となります。インバウンド客は、例えば日本人のオフである４月や、冬場にも比較的多くの来訪客が望めます。地域への観光需要の平準化の視点からオフに提供できる外国人客向けの資源を見直す、あるいは開発していくことも重要です。例えば、花や紅葉、スキー、文化財、祭り、MICE施設などの資源・施設は、平準化を進める上で有効です。

　以上のように地域の資源性を改めて見直すことで、新たな客層を呼び込む可能性を見出すことが大切です。

　視点２の事例２-１では、富裕層や富裕国の受け入れの事例を中心に紹介します。岡山県西粟倉村の小さな宿「軒下図書館」の取り組み、京都の旅行会社「日本の窓」からみた富裕層受入れのポイントについて紹介します。

　事例２-２では、富裕国である香港にターゲットを絞り込んで集客に成功した祖谷渓の事例についてみていきます。次に、新たな資源の活用という観点から、宿坊を取り上げ、その先進事例である高野山での経験について紹介します。

　なお、需要の平準化については、富士河口湖町の花見の事例を第３章で紹介することとしますのでご参照ください。

1. 訪日外国人旅行者を「増やす」

視点1　地方に来てもらう

事例1-1　魅力の発信

○地域における継続的なプロモーション【宮島（広島県）】

■プロモーションの歴史と受入態勢づくり

○宮島へのインバウンド客の増加

　連絡船が宮島に近づくと、デッキに多くの外国人が集まって来ます。緑の山々を背景に、海の中に立つ朱色の大鳥居が、聖域としての宮島を際立たせています。

　歴史資源と自然資源が共存する島「宮島」への外国人客数は年々増加を続けて2016（平成28）年は28.8万人と対前年比32％の伸びを示しました。16年の全来島者数は427.6万人、外国人客比率は7％ですが、実際の外国人客数はもっと多いとの見方もあります。

連絡船から嚴島神社の鳥居を望む

　宮島に外国人客が多い理由が、その資源性の高さにあることはもちろんですが、集客力が高まっていく過程では、プロモーション活動、アクセス手段の確保、受入態勢づくりが重要でした。

　廿日市市の観光課や宮島観光協会に話を伺うと、勢いのある観光地としての「気負い」のようものは感じられませんが、年表風に施策を俯瞰してみると、重要と思われる施策は着実に実行に移されてきたことがわかります。

○外国人受入体制の素地

　国際観光地としての受入体制という点では、戦後しばらくの間オース

◆17◆

図表３　宮島への来島者数及び外国人客数の推移

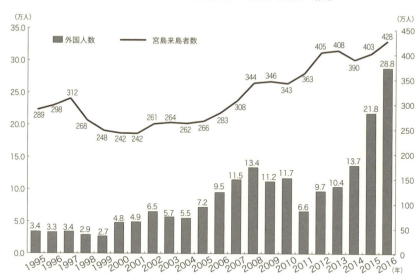

資料：廿日市市資料を元に（公財）日本交通公社作成

トラリア軍が宮島を管理していたこと、その後においては米軍の岩国基地から米兵とその家族が訪れたことが重要でした。これが、英語案内板の整備等がいち早く進んだ背景になっています。アジア圏からの来訪者への対応が進んだきっかけとしては、1994（平成6）年の「広島アジア競技大会」があり、この大会を機に宮島の多言語対応が進みました。

　また、インバウンドとの直接の関連性は無いのですが、1989（平成元）年に広島県全域で開催された「海と島の博覧会」では、宮島のライトアップイベントが行われ、印象的な夜景が宣材写真として「開発」されています。これも、その後のプロモーション活動に寄与したと考えられるでしょう。

○プロモーションの積み重ね

　宮島の名が世界に広がる大きなきっかけとなったのが、1996（平成8）年の厳島神社の世界遺産登録です。世界遺産という「格付け」を信奉す

1. 訪日外国人旅行者を「増やす」

図表4　宮島のこれまでの取り組みと旅行者数の推移

実施年	来島者数 （万人）	うち 外国人	観光全般に関連する主な出来事や施策	外国人誘致に関連する出来事や施策
1970	226.4	—	大阪万国博覧会	
1971	238.0	—		
1972	270.8	—	NHK「新平家物語」	
1973	240.8	—	第一次石油ショック	
1974	214.6	—	宮島町立歴史民俗資料館開館/国道2号線 西広島バイパスが地御前まで全通	
1975	237.1	—	山陽新幹線開通/広島カープ初優勝	
1976	207.8	—	船舶会社別の桟橋を統合し、厳島港上屋・ 桟橋としてオープン	
1977	195.3	—		
1978	198.1	—	第20回自然公園大会包ヶ浦開催	
1979	208.4	—	第二次石油ショック/広島カープ初の日本一	
1980	220.3	—	町立宮島町伝統産業会館開館	
1981	255.8	—	宮島水族館新装オープン/神戸ポートピア 81開催/MANZAIブームで「もみじまん じゅう」流行に	
1982	257.6	—		
1983	247.5	—		
1984	252.3	—	「銀河」就航開始/「SunSunひろしま」キャ ンペーンスタート/宮島桟橋—包ヶ浦間定 期バスの運行開始	
1985	245.4	—	宮島水族館「ラッコ」登場	
1986	256.5	—		
1987	269.9	—		
1988	267.1	—	瀬戸大橋開通	
1989	284.9	—	ソン・エ・ルミエール（ライトアップ）、海 と島の博覧会	
1990	285.4	—	大阪「花と緑の博覧会」	
1991	272.8	—	台風19号厳島神社損壊	
1992	260.6	—	宮島キャンペーン「ふしぎあう旅」	
1993	271.8	—	山陽自動車道開通/新広島空港開通/宮島国 民宿舎新装オープン	
1994	301.4	—		広島アジア大会/関西国際空港開港
1995	289.3	3.4	阪神大震災発生/厳島神社御鎮座1400年	
1996	298.0	3.3	ナタリー閉園/広島国体/メイプルライナー 運行開始	世界文化遺産「厳島神社」登録
1997	311.9	3.4	NHK大河ドラマ「毛利元就」放映/松大汽 船パセオカード導入	
1998	268.1	2.9	明石海峡大橋開通	
1999	247.5	2.7	しまなみ海道開通/ちびっ子王国開催/宮島 水族館にパンダイルカが登場	
2000	242.3	4.8	淡路花博/国民文化祭ひろしま2000開催	
2001	241.6	4.9	芸予地震	
2002	260.9	6.5		
2003	263.8	5.7	厳島神社大鳥居塗替	
2004	262.0	5.5	台風18号により厳島神社の楽房・平舞 台・回廊等大損害受ける	

第2章◆最新20事例に学ぶ！　経済効果向上へのカギ

実施年	来島者数（万人）	うち外国人	観光全般に関連する主な出来事や施策	外国人誘致に関連する出来事や施策
2005	266.4	7.2	宮島町、廿日市市へ編入合併/廿日市市観光まちづくり懇話会設置/嚴島神社復旧/広島県大型観光キャンペーン/JRデスティネーションキャンペーン「ええじゃん広島県」	
2006	283.2	9.5	世界文化遺産登録10周年イベント	
2007	307.6	11.5		宮島観光公式サイト（日本語・多言語）解説
2008	343.5	13.4	リーマンショック	日仏交流150周年/モン・サン＝ミッシェル・嚴島神社の共同ポスター作成
2009	346.5	11.2		モン・サン＝ミッシェルと観光友好都市提携
2010	342.6	11.7	中国・九州北部集中豪雨/コナン・ミステリーツアー実施	
2011	363.1	6.6	東日本大震災発生/「宮島水族館・みやじマリン」オープン	
2012	404.7	9.7	NHK大河ドラマ「平清盛」放映・「平清盛館」オープン	パリ市内のAGTでトップセールス実施・モン・サン＝ミッシェルに絵画を寄贈
2013	408.5	10.4	宮島歴史民俗資料館改装/ひろしま菓子博開催/広島県とJR「瀬戸内ひろしま、宝しま」キャンペーン	
2014	389.9	13.7	平清盛像設置/瀬戸内しまのわ2014開催	
2015	402.5	21.8	第23回世界スカウトジャンボリーin山口開催/広島被爆70年	フリーWi-Fi、スマートフォン用観光アプリの整備/大型客船が相次ぎ五日市岸壁に/JRパスを活用したPR、フランス有力メディア招聘等（県、広島市と連携）/ミシュラングリーンガイドで弥山展望台が3つ星獲得
2016	427.6	28.8		JRパスを活用したプロモーション、航空会社と連携した台湾プロモーション、世界遺産登録20周年に伴うフランスプロモーション（県、広島市等と連携）

資料：廿日市市資料を元に（公財）日本交通公社作成

　る外国人は日本人ほどには多くありません。しかし、日本発のプロモーションの中での宮島の位置づけが世界遺産登録によって高まったという点は結果的に重要でした。

　例えば、フランスのモン・サン＝ミッシェルと大鳥居のコラボレーションとなったポスターは、日本政府観光局（以下「JNTO」）とフランス政府観光局（現フランス観光開発機構）が、2008（平成20）年の日仏交

流150周年の共同キャンペーンで仕掛けたものです。数ある観光地の中から宮島が起用されたのは、「信仰の聖地として1,000年以上の歴史がある」ことに加え、「海に浮かぶ世界遺産である」という共通点が理由とされています（右写真）。

同年、市と宮島観光協会が共同でモン・サン＝ミッシェル市を表敬訪問、翌2009（平成21）年には観光友好都市提携の調印式が行われ、その後もフランスでの交流とプロモーションが国や県との連携の下で継続的に行われてきています。この時期に観光パンフレットとしても、フランス語、ドイツ語、スペイン語版が作成されました。2016年における宮島への外国人客も60％が欧州で、国籍別ではフランスが17％と最多となっています。

日仏共同プロモーションのポスター
出典：フランス観光開発機構

なお、廿日市市では2015（平成27）年に広島市と連携して「Hiroshima Free Wi-Fi」を島内公共施設を中心に整備しています。Wi-Fiの整備は、外国人客の観光情報の収集や、SNSを通じたポジティブな情報発信を促進する点から、不可欠な要素となっています。

○FIT客とレールパス

米国、豪州も含めた欧米からの外国人客は全体の8割以上を占めていますが、その旅行形態はほとんどがFIT（個人手配客）です。FIT客が地方を訪問する場合、公共交通機関で行きやすい観光地であるか否かは重大な関心事になります。

西日本を俯瞰してみると、「京都」「大阪」と原爆ドームのある「広島」を結ぶ新幹線が欧米客にとっての広域ルートの骨格となっていて、広島・宮島間は主にJR、市電と連絡船で結ばれています。これに加えて

近年では、福岡空港方面からのアジア客も増加傾向にあります。

　FIT客の足の確保という点で、宮島は外国人向けに割引率が高く設定された「ジャパン・レール・パス」の恩恵を受けてきたと言えるでしょう。近年では、県や広島市と連携し、JR西日本が販売する「瀬戸内エリアパス」を活用するプロモーションが継続的に行われています。

　また、広島市と結ぶ近場のフリー切符としては、広島電鉄の「1日乗車船券」、瀬戸内海汽船の「瀬戸内シーライン・1日フリーパス」などが充実しています。さらに2016年からは、バス、路面電車、船舶等が利用できる「ビジット広島ツーリストパス」（(公社) 広島県バス協会）の販売も行われています。

■滞在時間の長さと消費の場の提供

○行動範囲が広い欧米人客

　厳島神社を過ぎて10分ほど歩いたところに弘法大師ゆかりの古刹「大聖院」があります。山門から参道を見上げて驚くのは、日本人よりも外国人の姿が目立つことです。この寺には秀吉ゆかりの庭園や望楼としても優れた「摩尼殿」など見所が多いのですが、日本人観光客でここまで足を運ぶ人は少ないのです。

　やはり弘法大師ゆかりの信仰の山「弥山（みせん）」（標高535m）も、外国人に人気が高く、2015年にはそこからの眺望が「ミシュラングリーンガイド」で三つ星に認定されています。トリップアドバイザーの「外国人に人気の日本の観光スポットランキング2015」では全国で20位に入りました。

　特に欧米からのFIT客は、日本の歴史文化に関心が高いです。このことは宮島に限らず、例えば高山市の寺町を訪れる人も欧米人客がほとんどです。彼らは無縁仏などにも深い関心を示したりします。

　2013（平成25）年の市の調査では、日本人の日帰り客の滞在時間が3.3時間なのに対し、外国人は4.1時間と長くなっています。

1. 訪日外国人旅行者を「増やす」

○滞在時間の長さがもたらす経済効果

滞在時間が長くなると消費に充てる時間も長くなりやすくなります。回遊行動をすれば自然と喉が渇くので、外国人客のカフェ等へのニーズなども増えています。

山辺の古径からの風景

宿泊客の比率も外国人の方が高く、旅館以外にもゲストハウスの利用が多くなっています。欧米人客では、宿泊先で食事を取らない泊食分離の傾向がみられ、夜間も営業するお店に外国人客が集中する状況となっています。夕方に店じまいをする店が多い宮島ですが、こうしたニーズをみて最近では営業時間を延長する店が増えています。また、ライトアップを楽しむ外国人も多く、これも宿泊需要に貢献しています。

ここ数年で宮島では飲食店が10数軒、ゲストハウス等の宿泊施設が5軒程度増加していますが、外国人客の増加が寄与している面が大きいとされます。なお、若い経営者が外部から入ってきたり、経営者の親から子への代替わりがスムーズに進んでいる点は宮島の長所とも言え、外国人客や若い日本人観光客が増加している背景ともなっています。

○資源保全と消費拡大の両立に向けて　～線から面への展開

面積約30㎢、人口1,700人程のこの島には、国立公園、特別史跡及び名勝、世界遺産、天然記念物（弥山原始林）、ラムサール条約（ミヤジマトンボ生息地）など、観光資源を守るための規制や制度が幾重にも施されています。市や宮島観光協会の施策を見渡しても、資源の保全に関しては非常に手厚く行われてきたと言えます。

さらに、宮島は「歩く観光地」であり、自動車で来訪する観光客はほとんどいません。このことも宮島の歴史文化資源と景観が守られてきた要因の一つです。至る所に絵になる撮影スポットがあり、その構図は浮

世絵の題材となった江戸時代とそう変わりません。

　現在、古くからの町の成り立ちや歴史的建造物を保全することを目的として、「重要伝統的建造物群保存地区（以下、「重伝建」）」に西町及び東町を選定するため、市が取り組みを進めています。

　現状の観光客の主要動線は、宮島桟橋から表参道商店街を抜けて厳島神社に至るルートです。表参道の商店の多くは名物「もみじ饅頭」の販売や牡蠣料理等の飲食店が中心で、例えば伝統工芸品の店はテナント料の問題があり立地が難しい面があります。一方、重伝建の対象地にあたる「町家通り」や「山辺の古径」は表参道の裏手に当たり、観光客の流動は少ないものの、古い町並みや宮島の景観が楽しめるルートです。対象地域には空き家が増加しており、こうした空き家を伝統工芸品販売や工芸体験等の拠点、あるいは宿泊施設やカフェとして活用することで、滞在時間と消費の拡大を図れる可能性があります。

　市では、資源の保全と新たな観光サービスの提供とを両立させながら、消費拡大と観光の質を高める途を模索しています。

○観光客急増によるリスクと観光財源の確保

　受入客の増加に伴って、例えばトイレの数が不足するようになっています。また、外国人客が弥山に登山する際に決められたコースを利用せず、事故に巻き込まれるようなことがないように案内板を整備する必要性が高まっています。受入の拡大は、文化財等の保全リスクも増大させます。増大する財政需要に対応するため、市が、法定外目的税の導入に向けた検討を行うなど、新たな財源の確保が課題となっています。

　宮島は高い競争力を持つ観光資源に支えられています。それだけに観光客の急増がもたらす満足度の低下や、外国人客等への案内不十分による事故・災害等の発生が大きなリスクとして認識されています。こうしたリスクを、観光客の納得を得ながら一定の負担のもとで実施していく仕組みが求められているところです。

1. 訪日外国人旅行者を「増やす」

事例1-2　交通手段・安心の訴求と広域連携

① 移動サービスの提供―バスによる空港と観光地間のアクセス向上―【仙台空港（宮城県）】

○空港民営化とマルチモーダルハブ（Multimodal-Hub）構想

　2013（平成25）年に成立した「民間の能力を活用した国管理空港等の運営等に関する法律（民活空港運営法）」を受けて、全国各地で空港民営化が進められています。この法律の主旨は、民間に空港運営権を設定して航空系事業と非航空系事業を一体的に経営することで、着陸料の引き下げや旅客サービスの向上を通じた航空ネットワークの拡充、ひいては観光産業の競争力向上や地域活性化につなげていくことです。

　国管理空港の中で民営化への先鞭を付けたのが仙台空港で、2016（平成28）年7月に東急・前田建設・豊田通商グループが新会社「仙台国際空港株式会社」を設立しました。台湾からのLCCの誘致やソウル便の増便もあり、2016年の国際線旅客数は前年比40％増の22.5万人に増加しています。

図表5　マルチモーダルハブを目指す仙台空港
（航空ネットワークと複数の交通ネットワークが集結し、円滑に接続される結節点となる）

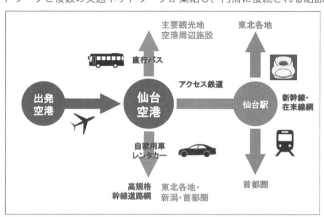

出典：「仙台空港の30年後の将来イメージ　マスタープラン」仙台国際空港株式会社

同社は、民営化委託先を選定するコンペティションにおいて「マルチモーダルハブ」となることを謳っていて、その方針の下で二次交通の改善施策を進めています。

そこには、東北主要観光地への直行シャトルバス運行、レンタカー駐車場の空港内設置、鉄道ネットワークの利便性向上等の施策が盛り込まれています。鉄道関連では既に、アクセス鉄道の増便や東北新幹線を利用した羽田・成田OUTの商品化等が実現しています。

以下では、空港民営化を契機とした観光地への直行バス路線整備の概要を紹介します。

○観光地と直結するバス路線の整備

仙台空港に発着する観光地への直行バスは、2016年11月の福島・会津若松を皮切りに、山形、鶴岡・酒田、平泉・松島、秋保温泉などへの路線が次々と整備されています。

バスを運行するのは、福島・会津若松線は会津乗合自動車株式会社、山形線は山交バス株式会社、宮城交通株式会社といった各地域のバス事業者です。バス路線の利用客数は、路線認可から開通までにPRの時間がほとんど取れなかったこともあり、未だ十分ではありませんが、徐々に増えて来ているとのことです。

こうしたリスクを承知で各地のバス会社が路線開設に協力しようとし

仙台空港1Fのバス乗り場　　　　仙台空港のバス時刻表

ている背景には、やはり新生仙台空港への期待感が大きいのではないかと思われます。仙台空港では、2044年度における航空旅客数の目標値を550万人（うち国際旅客数115万人）と置いています。こうした長期ビジョンを示した空港の心意気への共鳴や足元のインバウンド旅客数の増加を踏まえた将来投資という側面が、路線開設に踏み切った動機とも言えるでしょう。

特に、岩手県北自動車株式会社が運行する平泉・松島への路線では、「うみの杜水族館」「三井アウトレットパーク仙台港」を経由し、「松島海岸駅」「中尊寺」といった観光ポイントを結ぶルートで1日6便運行し（中尊寺までは2便）、バスガイドが同乗するなど、着地型商品に近い形態で運行が試みられています。

図表6　仙台空港の旅客数の目標値

		2017年度	2020年度	2044年度
旅客		343万人	410万人	550万人
	国内	315万人	362万人	435万人
	国際	28万人	48万人	115万人
貨物		0.7万t	1万t	2.5万t

出典：「仙台空港の30年後の将来イメージ　マスタープラン」仙台国際空港株式会社

○インバウンドの誘客促進へ

外国人の利用については、英語・中国語簡体字のリーフレットやホームページでの告知が準備された段階で、積極的なPRはこれからです。仙台空港では、各国での旅行博やLCC機内での販売等を通じて旅行会社や消費者向けの販促を進めていく予定です。こうした交通アクセスに関するPR活動は、観光地やバス会社単体では難しい面があり、複数の路線をまとめてアピールできることも、「マルチモーダルハブ」空

空港アクセスについて話す営業推進部の角田諭亮さん

港が存在するメリットと言えるでしょう。

　空港民営化は、高松、福岡、北海道の7空港、但馬など日本各地で進行しており、これからも広がっていくでしょう。その際、運営を担当する各民間会社は、地域活性化に寄与することを方針に含むと想定されます。空港と連携しつつ観光地へのアクセス路線の整備及びそのPRを進めていくことが、各観光地にとって一層重要な課題となるでしょう。

② 移動サービスの提供―レンタカーによる周遊観光の利便性向上―【九州レンタカードライブ振興協議会】

○レンタカー客の急増と対策

　九州はアジア諸国から近いという地理的特性もあり、古くからインバウンド客を比較的多く受け入れてきた地域です。リピーターも多く、特に近年はFIT化が進む中で、レンタカーを利用して旅行をしたいという外国人客が急増しています。

　図表7は、福岡空港周辺での外国人のレンタカー利用件数の推移です。2013年のレンタカー利用件数2.7千件に対して、わずか3年後の2016年には19.7千件と、6.4倍に増加しています。

　レンタカー関連の施策としては、まず空港でのサービスカウンターの

図表7　福岡空港周辺のレンタカー営業所における外国人レンタカー利用件数の推移（年間）

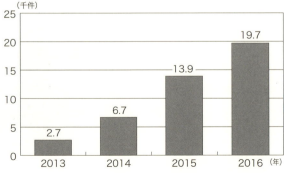

資料：「外国人向け「九州ドライブキャンペーン2016」レンタカー利用実績とりまとめ」（九州運輸局）

設置が2013年7月に設置されました。これは「福岡空港国際線旅客に関する協議会（事務局：九州運輸局）」で福岡空港利用客にストレス無く移動してもらうための勉強会が立ち上がり、その中で提案されたものです。また、レンタカー営業所への送迎車乗降場所の確保等にも取り組んできました。

　なお、この協議会を通じて、国際線ターミナルと博多・天神を結ぶ直行バスの開設（30分間隔）や、グレードの高い車輌を外国人客に対応可能な優良ドライバーが運転する「プレミアムタクシー」なども実現しています。

○九州ドライブキャンペーンの概要
　レンタカー利用の促進施策である「九州ドライブキャンペーン」は、2014年にスタートしています（10月1日から12月26日まで）。運営主体は「九州レンタカードライブ振興協議会（事務局：九州運輸局）」です。構成メンバーは、九州運輸局、九州地方整備局、九州7県、3政令市、（一社）九州観光推進機構、レンタカー各社、民間団体等です。

　このキャンペーンに合わせてNEXCO西日本から「Kyushu Expressway Pass」が発売されました。この周遊割引は、九州7県など自治体からの要請をNEXCO西日本が受ける形で実現したものです。これは定額料金で九州地域におけるNEXCO西日本が管理する高速道路が乗り放題となるもので、連続する2日間から10日間までのETC搭載のレンタカーに適用されます。価格は、例えば連続する3日間で4,500円といった格安な設定となっていて、好評につき2016年秋からは通年での販売が行われています。

　2016年のキャンペーンは9月1日から12月25日にかけて実施され、期間中は「旅行会社の招請」や香港等での「現地セミナーの開催」、「各国旅行博でのPR」「自治体や民間団体のHPやSNSを活用した情報発信」などが行われました。また、PRツールとして、ドライブマップ「ENJOY DRIVING KYUSHU」を、安全運転のマニュアルとして「Kyushu

九州レンタカードライブ振興協議会が作成したパンフレット

Drive Manual」をそれぞれ作成・配布しています。「ENJOY DRIVING KYUSHU」に掲載されている九州各地の観光ルート・コースは、各自治体の要望も反映した設定になっています。

この期間中の外国人旅行者によるレンタカー利用件数は約1万2,000件に上りました。2016年4月の熊本地震の影響も残る中でしたが、2015年に比べて1日の平均利用件数は53％も伸びています。

○レンタカー利用のメリットと周遊パターン

2016年の利用件数の国別構成比をみると、韓国が49.7％と約半数、次いで香港が28.3％となっています。

キャンペーン期間中のレンタカーを利用した外国人旅行者の65％が「Kyushu Expressway Pass」を利用しています。また、1台のレンタカーにつき、平均3.4人で利用されており、欧米系に比べ、アジア系の平均乗車人数の方が多くなっています。スーツケースを積み込む必要もあるので、アジアからの客はワンボックスカーなど比較的大きめの車をレンタルすることが多いそうです。

レンタカーを3人以上で利用して、高速道路料金も格安になるので、鉄道等の公共交通機関を利用するよりも割安に旅行できるのがレンタカー

1. 訪日外国人旅行者を「増やす」

図表8　利用件数の国籍別比率（2016年）

資料：「外国人向け「九州ドライブキャンペーン2016」レンタカー利用実績とりまとめ」（九州運輸局）

利用のメリットです。また、鉄道や高速バスでは周遊しにくい地域にも足を伸ばせたり、ダイヤにとらわれずに済むので、黒川温泉や阿蘇、雲仙といった公共交通が弱い地域にも外国人客が分散する傾向がみられます。

　レンタカー利用件数を営業所が所在する県別にみると、福岡県が最も多く、全体の79％を占めます。なお、福岡空港の営業所が占める比率は3分の1ほどに留まり、博多駅や天神周辺の営業所など、1泊目のホテル周辺からスタートする人が多いそうです。これは、福岡空港と福岡市街が地下鉄やバスにより短時間で結ばれているという福岡市の特徴を反映したものと言えます。

　福岡県に次いで多いのが鹿児島県で8％、他の5県は1～3％に留まっています。これらは国際線の路線数や、商業施設の集積度といった各地域の競争力を反映したものとも言えるでしょう。

　発地の営業所と着地の営業所が同一であるケースは、94.6％とほとんどを占めています。一方で、熊本県や長崎県発では14～16％を福岡県着が占めていたり、熊本県発～大分県着、宮崎県発～鹿児島県着といったルートの利用もそれぞれ1割前後あるなど、隣県とを結ぶ観光ルートへのニーズも一定程度あるようです。

○安全対策と地方のレンタカー店の利用促進

　年々増加する外国人のレンタカー利用に対し、日本各地で交通事故の増加が目立つようになってきました。九州レンタカードライブ振興協議会では、前述の「Kyushu Drive Manual」の作成以外にも、外国人が運転する車に着けるステッカーの作成、急ブレーキ地点データの収集（ETC2.0等の利用）など安全対策を進めています。その成果もあってか、レンタカー利用件数の伸びに比べると事故件数の伸びは低くなっています。

　福岡のような基幹空港以外の地方空港や、地方中核都市の駅などで外国人向けのレンタカー利用を促進しようとする場合、まず外国人にきちんと安全等について説明することができるスタッフ、できれば外国語を話せる人材を確保することが重要です。また、地方での需要は限られていますし、対応できる人材も限られています。したがって、外国人を誘客すべき店舗を絞って、拠点化していくことが重要になるでしょう。

③　安心して楽しめる環境整備【佐賀県観光連盟（佐賀県）】

　日本人の海外旅行でもそうですが、言葉が通じない国への旅行にはトラブルが付きものです。もし旅行者自身の事前知識が不十分であった場合でも、結局のところ観光地や観光事業者への評価の低下につながっていきます。

○コールセンター事業の概要

　インバウンド客のトラブルや質問に対して、コールセンターを設けて対応しようという試みが日本各地で行われています。ここでは、九州でいち早く導入された一般社団法人佐賀県観光連盟の外国人コンシェルジュ事業"DOGANSHITATO?"（どがんしたと？）をご紹介します。

　これは、コールセンター事業にトラベルアプリによる情報提供を組み合わせた、インバウンド客の「困った」や「知りたい」に対応しようという試みで、2014年（平成26）度にスタートしました。対応時間は、

365日、24時間です。

コールセンターが対応する言語は、2014年度は6言語でしたが、2017年度は14言語まで増えています（ポルトガル語やフィリピンのタガログ語、ネパール語も含まれています）。

利用内容では、旅館へのインターネット予約内容の確認、食事提供に関する子供の年齢確認など、外国人を受け入れる事業者が利用するケースが多くなっていて、日本人の利用が6割以上を占めています。

他県のコールセンター事業では、旅館業の人や外国人に利用者を限定するケースも少なくないのですが、この事

トラベルアプリでコールセンターを呼び出す

業では誰が利用しても良いというルールになっています。このため、幅広い利用があり、例えば、警察の人も少なからず利用しています。外国人のレンタカー事故の際の現場での通訳、落とし物や忘れ物への対応といったシーンが目立ちます。

外国人では、韓国人、次いで中国語の利用が多くなっています。韓国については、ブロガーがコールセンター事業について紹介したことも利用者数に影響したとのことです。

コールセンターの利用件数は、2016年度は3,659件でしたが、2017年度は上期だけで2,055件と増加傾向が続いています。

○市町の観光協会との連携による幅広いニーズへの対応

外国人の利用内容は、「予約」に関するものが多くなっています。例えば、佐賀空港から直接、嬉野温泉に行く際にJRが通っていないため、リムジンタクシーを予約したいといった場合です。この他、飲食店の予

約や、イベント参加への問い合わせ、花の開花や紅葉などその時の現地の状況に関する問い合わせもあります。伝統工芸品などの解説についても、小さな工房などでは通訳もいないため、コールセンターを利用することがあるそうです。

　しかし、コールセンターの通訳者自体がこうした現地の状況や情報を持っているわけではありません。このため、例えば開花時期の問い合わせなどがあれば、市町の観光協会につないで質問をしてもらい、その場でコールセンターが通訳を行います。その際、観光協会からコールセンターへの回答も、3者間通話の機能を使って、外国人に聞こえるようになっています。その方がお互いに理解が早くなるとのことです。

　市町の方でも、このコールセンター事業の存在を積極的に地元の事業者に紹介したり、海外でのプロモーションに使うようになってきているそうです。

○トラベルアプリ事業とコールセンターとの連動

　佐賀県観光連盟のトラベルアプリ"DOGANSHITATO？"は英語、中国語（繁体、簡体）、韓国語、タイ語、日本語の6言語に対応しています。

　アプリのメニューは、コールセンター呼び出し機能（スカイプを選択可能）に加えて、観光情報、宿泊情報、グルメ情報、温泉情報、買物情報、イベント情報、スタンプラリー機能、観光地間のアクセス情報、Wi-Fi情報など多岐にわたっています。前述のコールセンター利用件数のうちアプリ経由が概ね3分の1程度とのことです。

　トラベルアプリのダウンロード数は順調に伸びていて、2017年の10月には6万件を超

トラベルアプリのリーフレット

1. 訪日外国人旅行者を「増やす」

図表9 言語別にみたアプリダウンロード件数（2017年8月まで）

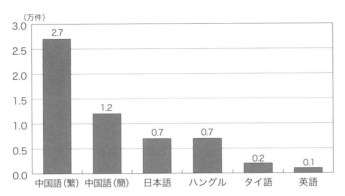

資料：（一社）佐賀県観光連盟

えました。

　観光連盟の海外担当部署が旅行会社へのPRを行う際にアプリの紹介をしてもらうようにしている他、話題になったYouTubeでの温泉PR動画の中でも案内をしています。

　その他にも、九州国際佐賀空港では、「壺侍」[1]の顔ハメパネル設置や、不定期の「壺侍」による出迎えも行われているそうです。また、ステッカーを作成してバス・タクシー協会に加盟するバスやタクシーの車体に貼ってもらい、アプリとコールセンターの広報を行っています。

　また、言語毎にアプリを作成することで、各言語別の検索で上位に来るようにしたこともダウンロードが多い要因ではないかとのことです。

　2017年8月現在のダウンロード数5.6万件のうち、言語別の内訳は上図の通りで、繁体字（香港・台湾）のダウンロードが多くなっています。

○ホスピタリティ向上のツールとして

　外国人コンシェルジュ事業は、県全体でのホスピタリティ向上運動でもあります。

---

[1] この事業のマスコットとして活躍する佐賀県観光PRキャラクター

第2章◆最新20事例に学ぶ！　経済効果向上へのカギ

佐賀県観光連盟の山口公恵さん

　アプリに掲載したお店には、外国人への接遇で困った場合には積極的にコールセンターを活用してもらえるようにお願いをしています。また、佐賀市での「佐賀インターナショナルバルーンフェスタ」など外国人が多く訪れる大会でも運営の方や飲食店で利用してもらうように誘導しています。

　飲食店や商業施設の情報については、どんな店でも載せるわけではなく、①Wi-Fi、②多言語対応、③免税対応の三つの条件のいずれかに対応しているお店に絞っています。外国人の受入体制のある店舗を掲載することで、外国人から不満が出ないような案内をしているとのことです。

　また、連盟では、アプリでの観光地や飲食店の検索ランキングを分析することや、スタンプラリー参加者にアンケートできる機能を使うことで、より良い施策に活かしていきたいと考えています。

　コールセンター事業では、旅館や事業者に説明を行う以外にも、旅行者の緊急時に対応できる体制構築にも力を入れています。警察や消防署でこの仕組みを取り入れて訓練に活かしてもらうなどしています。

　このようにコールセンターやトラベルアプリのような事業は、幅広い業種の人々や異なる言語の旅行者に対して一元的にサービスを提供することができます。こうした事業は広域で行うほどスケールメリットが生まれやすい施策とも言えるでしょう。

視点2 新たな市場の開拓

事例2-1　富裕層への訴求

①　「日本の田舎」の提供【軒下図書館（岡山県西粟倉村）】

○世界に開かれた小さな宿

　岡山県北部の西粟倉村に「軒下図書館」という小さなB&B（朝食付きの宿）があります。宿の主人のチャールズ裕美さんは、イギリスで留学・就業の経験があり、フランス人男性と結婚してUターンで故郷へ戻って来た方です。宿の名前は、かつて祖母の代に、私設の"図書館"として自宅の一室を地域の子どもたちに開放していたことに由来しています。

　その古民家を活用し、2012（平成24）年から部屋数3室の小さな宿泊施設として営業しています。現在、宿泊客のうち3割程度が外国人観光客ですが、その多くが欧米客で、いわゆるラグジュアリー層（富裕層）もこの小さな宿を訪れます。時間にもお金にも余裕のある彼らは、2～3週間かけてゆっくりと日本の各地を巡りますが、日本の文化、とりわけ"田舎"の生活に興味を持っている人が多いのです。

　軒下図書館ではそこをターゲットに、"田舎"の家庭的な宿としての

軒下図書館の外観と居間のふすま絵

宿泊体験を提供しています。小規模な宿ですが、価格をゲストハウスより高めに設定することで、富裕層でもある程度満足できるようサービスの質を維持しています。朝食で提供するパンはフランス仕込みの本格的なものです。ヨガ教室も行っていて宿泊客も体験できます。

　宿泊客は、付き合いのある訪日インバウンド向けの旅行会社や旅館から紹介されることもあるそうですが、旅行関係のSNSで高い評価を得ていることも効果があると思われます。近年はAirbnb経由の予約も増えているそうです。

○地域の資源を活かす

　宿泊体験だけではなく、軒下図書館では、旅行会社などが企画する外国人向けのツアーに組み込む形で、西粟倉村周辺を含めたツアーをコーディネートしています。ツアーでは、刀鍛冶職人や備前焼職人などを訪問しています。また、丸太を削ってトトロの像を造ってしまう地域の方など、ストーリー性のあるユニークな人材とのふれあいの場を設けることもあります。

　このような地域全体での「一期一会」のおもてなしは、ラグジュアリー層には大変好評だと言います。

　軒下図書館の事例は、もっと地域のこと、日本のことを深く知りたい、という彼らのニーズをうまく捉えて、地域の潜在的な魅力を顕在化させている好例です。裕美さんが、自分の田舎の魅力を再認識したのは、海外での経験が大きかったと言います。そして、彼女自身が気づいたその魅力を英語でインタープリテーション（解説）することが、外国人客の感動をより深いものにしているのです。

② 「本物の日本文化」の提供【株式会社日本の窓（京都府京都市）】

〇本物の文化を伝える旅行を創造

　株式会社日本の窓は、京都市右京区にある旅行会社で、社長はイスラエル人のアブラハム・ルガシさんです。ヘブライ大学で東洋文化を学び、日本には1989年に1年半滞在し、1995年に戻って来て3年間禅道場で修行し、その間弓道や盆栽など日本の伝統的な文化や芸術について学びました。日本の窓を設立したのは2005年のことです。

　モダンなオフィスに働くスタッフは30人ほどで、顧客の多くは欧米からの富裕層です。取扱いが増える中で、スタッフの数も増えているそうです。

　取り扱う旅行のほとんどはオーダーメイドで、顧客の要望に沿って企画から添乗まで行っています。前記の「軒下図書館」での体験ツアーも取り扱ったことがあるそうです。ルガシさんは、日本の本物の文化を一切の妥協無く伝えることで、本当に満足してもらえる旅行を提供したいと考えています。

　オフィスの一角には、日本の窓のコンセプトを皆で共有するためのボードが設置されていました。ゲストの立場から考える、ユニーク、革新、プロフェッショナル、手作りなど14のキーワードが並んでいます。

BE IN GUEST'S SHOES	ゲストの立場から
KNOWLEDGE	知識
RESPECT	尊敬
ACCOUNTABIRITY	説明責任
FLEXIBLE	柔軟
NOT GIVING UP！	忍耐
LEADERSHIP	リーダーシップ
TEAMWORK	チームワーク
SUPPORTIVE	支え合う
UNIQUE	ユニーク
INNOVATION	イノベーション
PROFESSIONAL	プロフェッショナル
PASSIONATE	情熱
HAND-MADE	手作り

オフィスの一角にある日本の窓のコンセプト

○富裕層を呼ぶために必要な条件

　日本の窓が考える地域に富裕層を呼ぶための条件について、ルガシ社長とツアーオペレーションの責任者である丸本加寿世さんに聞きました。
　まず、重要なのは「言語」だと言います。田舎の文化や歴史を深く理解してもらうためには、軒下図書館のチャールズさんのようなガイドのインタープリテーション能力（伝える力）が不可欠になります。そうした人材がいる地域は富裕層を呼ぶのに有利であると言って良いでしょう。
　日本の窓では、こうした人材と一緒に、素材の見せ方について事前に打ち合わせをして、はじめて送客をすると言います。なぜなら、地域の人が見せたいと思うことと、外国人の求めていることが違っていて「ピンと来ない」こともあるからで、そこに自分達が介在する意味があると考えています。
　宣材写真も事前に取材をして自ら撮影して来ることが多いと言います。「自治体などがホームページに載せている写真は良いところだけということもある。売る側の責任として、自分の目で見て自分の言葉で伝えるようにしている」と丸本さんは言います。
　次に重要なのは、「良い宿泊施設（Good Accommodation）」の存在だと言います。例えば4つ星レベルの宿泊施設では、ハイエンドの富裕層を満足させるのは難しいため、積極的に使いにくいと言います。
　ルガシ氏は、宿泊施設が単体でILTM（International Luxury Travel Market）[2]などに出店するのは効果的ではないと言います。富裕層は、

ルガシ社長と丸本ツアーオペレーションマネージャー

2　カンヌで開かれる世界最大級のラグジュアリー・トラベルの見本市

例えば2週間といった期間で日本に滞在するわけで、一地域の宿泊施設が単体で行うPRへの関心は薄く、体験や宿泊を組み合わせて販売する旅行会社の方が訴求力は強いと考えています。自治体のPRについても、良いガイドや宿泊施設を組み合わせて旅行会社に直接PRした方が、効果があるとしています。

○インバウンド客の急増がもたらす課題

　本物の文化を伝えていきたいというルガシ氏は、外国人客の急増によって日本の観光が変質することに危惧の念を抱いています。

　京都の例で言えば、市民の市場であった錦市場に観光客向けの店が増えていて、地元の利用が減っているそうです。また、芸妓さんの芸能を座敷で体験する人が増えてくると、最近では「観光客にそれを見せるのが本業なのか？」と聞かれるようになったそうです。京都だけでなく、地方の職人さんの中にも、「観光の職人になってしまった」と感じる例があると言います。

　本物（Authentic）への志向が強い富裕層は、こうした変質に非常に敏感です。コミュニティや地場産業が持つ本来の営みを維持できる受け入れの容量はどの程度なのかを推し量ることが重要と言えるでしょう。質の高い観光客に本物の体験をしてもらうためには、需要をある程度絞り込んでいく知恵も必要とされています。

事例2-2　新たな魅力づくり

① ターゲットを絞り込んだプロモーション【祖谷渓温泉（徳島県三好市）】

〇大歩危・祖谷いってみる会

　徳島県三好市の「大歩危・祖谷温泉郷」は、渓谷美の他にも、「かずら橋」や古民家集落など観光資源の多い地域です。しかし四国各地の空港からは離れた地域にあり、観光スポットや宿泊施設は鉄道駅からも離れたエリアに点在しています。このため、外国人観光客にとっては、交通アクセスが良いとは言えませんでした。加えて大規模な宿泊施設は少なく、観光バスを利用した団体ツアーを宿泊地として受け入れることも困難です。

　このような地域を「泊まれる地域」として売り込んでいこうと考案されたのが「大歩危・祖谷温泉郷」というブランド名でした。取り組みの主体となったのは、2002年に宿泊事業者を中心に結成された「大歩危・祖谷いってみる会」です。同会では行政と連携しながら、地域のプロモーションやインバウンド対応を積極的に行ってきました。

　その結果、いってみる会の会員施設への外国人延べ宿泊客数は、12

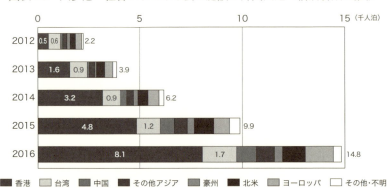

図表10　大歩危・祖谷いってみる会5施設の外国人延べ宿泊者数の推移

資料：大歩危・祖谷いってみる会

年の2.2千人泊から4年間で14.8千人泊まで増加しています。

○行政との連携によるプロモーション

インバウンド客を呼び込む上で、まずターゲットにしたのが香港とシンガポールといったラグジュアリー層が多い国でした。

プロモーションは、三好市、徳島県、「にし阿波〜剣山・吉野川観光圏協議会」などと連携しながら、旅フェアへの出展や招聘事業、メディアへの広告掲載を行ってきました。その結果、航空路線が開設された香港を中心に外国人観光客が増え続け、近年は毎年約1.5倍ずつ増加しています。最近では香港以外にも、FIT化が進行している台湾人客も増加傾向にあります。現在、国籍は香港が約半数を占めており、次いで台湾、アメリカなどと続いています。そのほとんどが個人客です。

効果的なプロモーションを進められた要因の一つは、行政と事業者とが連携した点にあります。事業者側にとっては、行政と連携することで営業先での信頼度が高くなります。行政側にとっても、個別の事業者ではなく、「いってみる会」のような地域の組織であれば連携や支援がしやすい面があります。地域一丸となって動くことにより、地域全体で成果を得ている事例とも言えるでしょう。

香港へのターゲティングが成功に至った要因は他にもいくつか挙げられます。まずターゲットのニーズと地域の魅力が一致したことです。香港は多くの住民が都市部に住んでいるため、大歩危・祖谷地域の自然や秘境感は大きな魅力となります。また既に訪日経験がある富裕層であれば、有名観光地や都市部は経験済みで、未だ行ったことのない地域を訪れることを好む傾向があります。さらにリピーターほど公衆浴場に対する抵抗感も少なく、地域の食に対する関心も大きいため、温泉旅館の魅力を訴求しやすい面もあります。

加えて、交通不便な地域にアクセスできる客層が多いこともポイントです。大歩危・祖谷温泉郷の外国人宿泊客のうち、約9割がレンタカー利用者となっています。香港便や台北便の飛ぶ高松空港から温泉郷への

アクセス、観光スポットを効果的に巡る交通手段は、自動車でなければどうしても不便です。その点、香港人には富裕層が多く、年齢層も高めで、免許保有率も高いことから、過去に日本で自動車運転をしている人も多いです。加えて、香港やシンガポールのような都市住民にとって、日常のドライブルートは限られているため、海外でのドライブ旅行への欲求も強いと考えられます。

② 「非日常空間」宿坊の魅力づくり【高野山（和歌山県高野町）】

○高野町への外国人宿泊客

　訪日外国人客の中で、「宿坊」は異文化を体験する場として人気が上昇しています。京都市、高野町、長野市（善光寺周辺、戸隠）などの宿坊が著名ですが、最近では日本各地で宿坊を開設しようというプロジェクトが起ち上がるようになってきました。日本には神社仏閣が合わせて16万社あるとされますが、中には地域の新たな魅力づくりとして活用できる寺社も多いと考えられます。

　ここでは、先進地である高野山について、町や宿坊協会の取り組みを紹介し、資源としてみた宿坊の特性や課題についてみていきます。

　和歌山県の観光統計によると、2016年の高野町への外国人延べ宿泊者数は7.7万人泊に上ります。その宿泊先のほとんどは「宿坊」です。

　しかし、国によるビジットジャパン・キャンペーンが始まった2003年には、高野町への外国人宿泊者数は約1万人泊に留まっていました。

　最初の転機は2004年の「紀伊山地の霊場と参詣道」の世界遺産登録でした。その後徐々に外国人客が増加し、2009年には「ミシュラン・グリーンガイド・ジャパン（第二版）」で3つ星を獲得するなど、海外のガイドブックにも認知されるようになり、2010年には宿泊者数は4.2万人まで増加しています。2011年に東日本大震災の影響による落ち込みがありましたが、順調に回復して現在に至っています。この間、国内旅行市場が停滞していたこともあり、宿泊者数に占める外国人比率は上

図表11　高野町の外国人延べ宿泊者数の推移

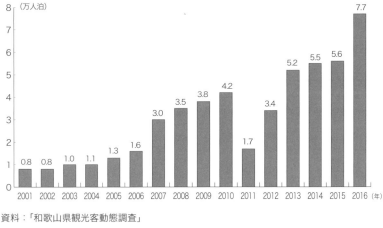

資料：「和歌山県観光客動態調査」

昇を続けて、2016年には34％に上っています。

　国籍別に外国人宿泊者数をみると、欧米人が8割を占めています。但し近年では、中国やタイなどアジア人も訪日リピーターを中心に少しずつ増加しているようです。

○高野町による受入れ態勢づくり

　町では、世界遺産登録以前から国や県の事業とも連携しながら、外国人客も含めた受け入れ態勢の整備に取り組んできました。

図表12　外国人宿泊者数の地域別構成比

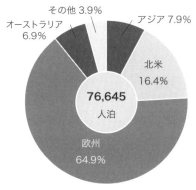

資料：和歌山県観光客動態調査（2016年）

　1980年代からは、「高野山らしい景観」整備として、電線地中化、建物のファサードの改修、歩車分離、13か所での公衆トイレの整備、金剛峯寺や教育委員会との協力の下での臨時駐車場の整備といった事業を着実に進めてきました。

　外国人向けには、多言語表記とピクトグラムを用いた案内板の設置、

要所に設置された多言語案内板

Wi-Fi環境の整備、スマートフォンアプリの開発や7か国語に対応した観光パンフレットの作成（英・仏・西・伊・タイ・韓・中）などが行われています。また、交通アクセスでは、2016年4月に関西空港と直通するリムジンバス路線が開設されています。

　海外へのプロモーションについても、YouTubeで欧米豪向けのPRビデオの配信、JAL国際線のビデオプログラムでの上映、ドイツ、米国、タイの旅行会社向けファムツアーなど様々な取り組みを行ってきています。

○宿坊協会の取り組みと宿坊の魅力

　一般社団法人高野山宿坊協会は、元々は観光協会と一緒の組織でしたが、近年になって組織の性格を明確にするために（一社）高野町観光協会と分離しました。高野町には52か寺の宿坊がありますが、いずれも宿坊協会の組合員で、宿坊協会の理事もその中から選ばれています。

　宿坊協会の本部は、バス路線が交わる町の中心の千手院にあります。窓口で訪れる観光客への宿坊の紹介・予約等を行っている他、精進料理や各種の体験、ガイドのあっせんや音声ガイド機器の貸し出しなどワンストップでの幅広いサービスを提供しています。英語のできるスタッフも常駐しています。

　協会のホームページも充実していて、宿坊の予約機能の他、観光案内、体験、食、買物の情報などを英語でも提供しています。宿坊の申し込みフォームでは、宿坊名を第3希望まで選んでもらう形式になっていますが、希望が無い場合は、料金、同行者、食物アレルギーなどの条件を踏まえて、宿坊や部屋をあっせんしています。

　また、宿坊協会では、東京でのツーリズムエキスポやTITF（タイ国

際旅行フェア）などの旅行見本市でも他の機関と連携して積極的にプロモーションを行っています。

　宿坊の魅力については、「お寺という非日常の空間」で過ごすことが特に欧米人にとっては特別な体験になっているようです。また、中国やタイなどアジアからのFITも増えていて、客層としては、訪日経験が豊富で、ゆっくり滞在したい中高年層が多くなっています。

　体験メニューは、各宿坊での朝の勤行体験がまずあります。これを体験するには宿泊する必要があり、高野町に宿泊する動機にもなっています。この他、奥の院や壇上伽藍を夜に参拝する体験ツアーも幾つか行われていて、こうした宿泊者向けの体験メニューは僧侶の方の発案で実現したものとのことです。

　宿坊協会の方に、地域のお寺が宿坊を開業する場合の課題についてお聞きしました。一つは、食物アレルギーの問題で、精進料理であっても加工食品の中にアレルギーの元になる物質が混在している可能性などにも注意する必要があるとのことです。

　次に、宿泊施設としてある程度の料金をいただくからには、旅行者は清掃の状態やサービスの質などに対して厳しい目を向けます。稀にクレームが寄せられるケースもあるそうです。また、共同浴場や和式トイレなどに抵抗を感じる外国人も少なくないそうです。

　お寺の歴史や文化を伝える上でも、スタッフにはやはり英語などが話せる人がいた方が良いとのことです。実際、英語が話せる国際派の僧侶がいる宿坊ほど宿泊単価が高い傾向にあり、富裕層を呼び込むことに成功しているようです。

高野町の中心に立地する宿坊協会

2. 訪日外国人の旅行消費単価を「上げる」

　訪日外国人の旅行消費額を増やすためには、訪日外国人の人数を増やすとともに、各人が日本で使うお金を増やすことを考える必要があります。1人の旅行者が旅行中に支払った金額を一般に「旅行消費単価」と呼びますが、地域経済の活性化を図る上では、この旅行消費単価を上げる方策を講じることが重要です。本説では、訪日外国人の旅行消費単価の向上につながる取り組みやビジネスの事例に着目し、具体的な取り組みの内容を紹介するとともに、その効果を探っていきます。

① 訪日外国人の旅行消費単価の特徴

　訪日外国人は日本滞在中にどのくらいのお金を使っているのでしょうか。日本滞在中の訪日外国人1人1回当たりの旅行消費単価は平均15.6万円[1]です（図表1）。日本人が日本で生活する中で消費しているお金は1人当たり1か月平均で10.3万円[2]ですから、訪日外国人はこれを上回

図表1　訪日外国人の旅行消費単価と日本人の家計消費支出

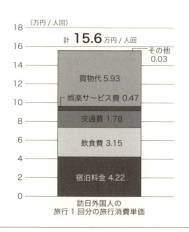
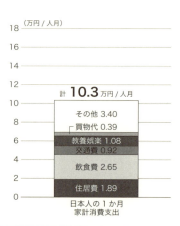

1　観光庁「訪日外国人消費動向調査」（2016年）
2　総務省統計局「家計調査」（2016年）、総世帯平均を平均世帯人員で除して算出。

2. 訪日外国人の旅行消費単価を「上げる」

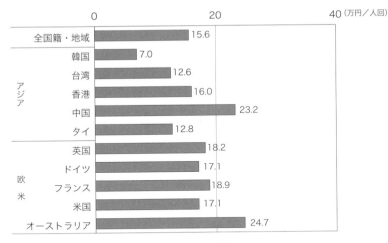

図表2　国籍・地域別にみる訪日外国人の旅行消費単価

資料：観光庁「訪日外国人消費動向調査」（2016年）

る金額を1回の訪日旅行で使っていることになります。

　旅行消費単価の大小は、旅行者の国籍によって大きく異なります。お隣の国・韓国からの訪日客は、日本での滞在日数が短いこともあって旅行消費単価は7.0万円と低いです。中国からの訪日客も滞在日数はそれほど長くはないのですが、買物金額が他の国籍に比べ圧倒的に大きいので、旅行消費単価は20万円を超えます。日本滞在日数が長い傾向にある欧米人の旅行消費単価は17〜18万円台と高く、中でもスキーを楽しむために日本を訪れる人の多いオーストラリア人の旅行消費単価が24.7万円と高いです[3]。

②　単価の伸びしろは「エンターテインメント」にあり！

　訪日外国人の旅行消費単価は大きく5つの費目に分類されます。「宿泊費」「飲食費」「交通費」「娯楽サービス費」「買物代」です。このうち、もっとも金額の大きい費目は「買物代」（5.9万円／人）で、特にアジアか

---

[3]　観光庁「訪日外国人消費動向調査」（2016年）

図表3　費目別にみる訪日外国人の旅行消費単価

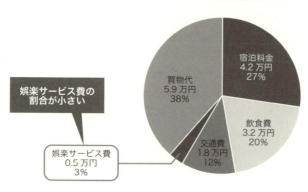

資料：観光庁「訪日外国人消費動向調査」（2016年）

　らの訪日観光客で買物代が高い傾向が見られます。中国人観光客が急増した2015年にはカメラや電気製品など高額商品が飛ぶように売れ、"爆買い"現象として話題になりました。2016年に入りこうした動きは沈静化しましたが、化粧品などの売れ行きは引き続き好調で、中国人観光客の買物代は高水準を保っています。

　他方、もっとも金額の小さい費目は「娯楽サービス費」です。現地ツアーの料金や観光ガイド料、観光施設入場料、スポーツ施設利用料、コンサートや舞台、スポーツ観戦のチケット代などが当てはまります。いわゆる「エンターテインメント」です。外国人の旅行先としての日本では、この「娯楽サービス費」が旅行消費単価全体の3％と極めて低いのが実態です（図表3）。裏を返せば、外国人向けの娯楽サービスの充実と販路の拡大、情報発信の強化といった取り組み次第で、今後の拡大が見込める費目といえます。

　「娯楽サービス費」が小さい理由の一つに、日本では訪日外国人が夜に楽しめる娯楽が少ないことがあげられます。自分の海外旅行経験を振り返れば、ハワイでのサンセット・クルーズ、英国でのミュージカル鑑賞、オーストラリアでの夜行性動物探検ツアーなど、様々な夜の楽しみがありました。日本でも、魅力的な娯楽サービスを充実させていきたい

ところです。視点3では、このような『消費時間を増やす』ことに取り組む事例を紹介します。

③　旅行者の消費を促す「場」づくりが単価向上のカギ

　商品やサービスの充実に加え、訪日外国人の消費単価を増やすために大切なことは、旅行者が消費しやすい「場」をつくることです。たとえ魅力的な商品やサービスがあっても、それらを購入する場所や方法がわからなかったり、そもそもそれらを目にする機会がなかったりすると、消費にはつながりません。基本的に旅行者は訪問先の土地に不慣れであり、また滞在期間も限られます。このような人々の消費を促すためには、彼らが立ち寄りやすい場所に消費拠点を設けることが大切です。訪日外国人が消費しやすい「場」づくりの事例は、視点4『消費拠点・消費対象を増やす』で取り上げます。

　商品やサービスの存在を訪日外国人に知らしめ、消費につなげていくためには、情報発信の工夫も欠かせません。視点4では、周遊パスの活用や古民家宿を核とした情報発信の工夫による消費促進の事例も併せて紹介します。

第2章◆最新20事例に学ぶ！　経済効果向上へのカギ

視点3　消費時間を増やす

事例3-1　早朝・夜間の消費促進

　訪日外国人旅行者の行動パターンについて、「時間」という切り口から考えてみると、従来あまり消費が行われていない時間帯にも消費できる機会を作っていくことが、消費単価を上げるための有効なアプローチといえます。その具体的な時間帯となるのが、早朝と夜間です。特に夜間については、日本はナイトライフが他国に比べて充実していないというイメージを持たれている（**コラム1**参照）ので、多様な楽しみ方を提供していく必要があるといえるでしょう。ここでは、早朝に関する事例を一つ、夜間に関する事例を二つ紹介します。

①　早朝の消費促進【宮川朝市（岐阜県高山市）】

　「早朝の買い物」というキーワードからは、「朝市」を連想する人も多いのではないかと思います。日本各地で開催されている朝市は、まさに朝しか体験できないことの一つです。新鮮な食材を割安な価格で買い求めることができたり、多くの店が並ぶ活気ある雰囲気自体を味わうことができたりと、朝市では複数の楽しみ方が存在します。海外でも、ハワイのファーマーズ・マーケットや、パリのマルシェのように、朝市と同じような形態の市場があることから、訪日外国人旅行者にとっても親しみやすいものと考えられます。

　岐阜県高山市の「宮川朝市」は、訪日外国人旅行者が数多く訪れている代表的な朝市です。名前の通り、市内中心部を流れる宮川の河川敷沿いにおいて、午前7時から12時まで毎日開催されています（冬期は、午前8時から12時までの開催）。この朝市では、飛騨高山地方の名産である野菜（飛騨ネギ、飛騨紅かぶ、トマトなど）や果物（りんご、桃など）をはじめ、漬物やみたらし団子、餅といった様々な食品を購入する

◆52◆

ことができます。また、「さるぼぼ」（飛騨地方で古くから作られている赤い人形）などの工芸品を売るお店もあり、ここでお土産を選ぶこともできるでしょう。中には「たこ焼き」や「プリン」「エスプレッソ」を出しているお店もあり、食べ歩きや、朝のコーヒータイムも楽しむことができるようになっています。

○多言語対応を意識し過ぎないことの大切さ

　宮川朝市を訪れる訪日外国人旅行者は平日の方が多く、多い日はお客さんの8〜9割が外国人です。全体的には、アジアからのお客さんが多いようですが、各国・地域の休暇時期（訪日旅行のピークシーズン）に応じて、主な客層の変化を感じられるほど、多様な国・地域から訪れています。外国人のお客さんには、その場ですぐ食べられるものが人気であり、アジア系の方は特に果物を好んでいます。商品の中には、母国では馴染みのないもの（例えば、先に紹介した「たこ焼き」）もありますが、せっかくなのでチャレンジする人もいるようです。「○○の国の人は××を買わない」といった通説にとらわれすぎないようにすることも、集客の上では大切かもしれません。

　宮川朝市を運営している飛騨高山宮川朝市協同組合は、訪日外国人旅行者が急増した時期に、商品の説明や接客で用いる会話について「指さし会話帳」の形で多言語化を行い、組合員（個々の店舗）に配布しました。しかし、個々の店舗レベルでは、それほど活用されませんでした。店主が語学を勉強したり、独自の多言語対応を行ったりしているお店もありますが、「おはようございます」「ありがとうございます」をあえて日本語で話し、笑顔で接することこそが大切だそうです。訪日外国人旅行者の立場からすると、日本の地方部を訪問する理由には、都会よりも外国らしさを体験することも存在すると考えられるので、買い物の利便性向上と、母国と同じレベルを追求しすぎないことのバランスを図ることが重要なポイントといえるでしょう。宮川朝市には、地域の台所としての歴史があるので、こうしたアイデンティティを感じられるようにするこ

とも魅力の維持には不可欠といえます。

○新たな世代の出店を促進

　訪日外国人旅行者で賑わいを見せる宮川朝市ですが、少子高齢化の影響もあり、近年は朝市に出店する店舗数が減少傾向となっていました。その際、飛騨高山宮川朝市協同組合では、まずは賛助会員という形で新規会員の募集を行い、主に若い世代からの出店が進みました（賛助会員は一定期間後、組合理事会の承認を経て、正規の組合員になるという仕組みとなっています。こうした手続きについても、規約を変更し、新規の人が組合員になりやすいようにしたそうです）。新たな世代の出店が進んだことにより、業態の多様化や、賑わいの維持が図られ、宮川朝市は訪日外国人旅行者にとっても魅力的な買物空間であり続けています。

宮川朝市の入口

買い物を楽しむ外国人旅行者

2. 訪日外国人の旅行消費単価を「上げる」

コラム2
日本の弱みはナイトライフ

　株式会社日本政策投資銀行と公益財団法人日本交通公社は、アジア・欧米豪12地域の消費者を対象としたアンケート調査を継続的に実施しています。2016年の調査では、日本が観光客を誘致するにあたってライバルとなる中国、韓国、タイ、シンガポールを比較対象とした上で、それぞれの国のイメージ評価を行っています。

　全体として、上記4カ国と比較すると日本の評価は大変高く、イメージに関する20項目中、14項目において、日本が最も高い評価を受けていました。残りの6項目は、日本がトップの評価ではなかったわけですが、その中でも「ナイトライフを楽しむことができる」という点については、タイを下回る結果となりました。

　日本がタイや欧米諸国と比べてナイトライフの楽しみが充実していない件については、かねてより指摘がなされてきたわけですが、データの面からも確認できたといえるでしょう。

図表4　日本・タイ・シンガポールの観光資源のイメージに関する比較結果

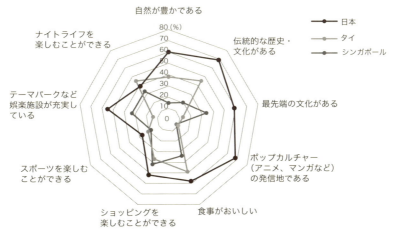

注）パーセンテージは、それぞれの項目の選択率を表す。選択率が高いほど、評価が高いと解釈できる。

出典：「DBJ・JTBF アジア・欧米豪 訪日外国人旅行者の意向調査（平成28年版）」

第2章◆最新20事例に学ぶ！　経済効果向上へのカギ

②　夜間の消費促進―日本人の生活体験の障壁を取り除く―
【TOKYO YOKOCHO Week（東京都）】

　「日本にはナイトライフの楽しみが他国に比べて不足している」とはいっても、日本に住んでいる私たちが夜間にまったく消費をしていないかというと、そんなことはありません。たしかに美術館・博物館などは欧米の都市に比べると閉館時間が早いかもしれませんが、居酒屋やバーでの飲食や、深夜まで営業している小売店でのショッピングなど、選択肢は多く存在しています。

○有楽町・銀座の夜を楽しむ

　公益財団法人東京観光財団が2013年に実施した「TOKYO YOKOCHO Week」というイベントは、こうした日本人の日常的な生活スタイルを体験してもらうことで、訪日外国人旅行者の消費促進を図る先駆け的な取り組みでした。具体的には、東京を訪れた外国人旅行者に「YOKOSO DISCOUNT PASSPORT」という名称のパスポートを配布し、これを持参した人には①有楽町産直飲食街内の2店舗を利用するとギフトを贈呈、②有楽町エリアのオーセンティックバーでのカバーチャージを無料、③ドン・キホーテ銀座本館での割引とギフト贈呈といった特典を提供しました。このエリアには、ペニンシュラ東京や帝国ホテルといった外国人利用率の高い宿泊施設が複数あったことから、イベント参加者は2か月間で1,300～1,400人を記録しました。店舗側の意識という観点からは、（2013年当時は有楽町・銀座といえども現在ほど多くなかった）外国人旅行者受入れへの抵抗感を払拭し、インバウンドを大きなビジネスチャンスとして前向きに捉えてくれるようになったという効果が見られました。

○各店舗の協力体制とターゲットの設定が実現の鍵

　こうした取り組みが実現に至ったポイントとしては、各店舗の取りまとめを行う組織がしっかり機能していることがあげられます。有楽町・銀座エリアの場合は、各店舗が加入する組合や、有楽町産直飲食街を運

営する企業を通じて依頼を行うことにより、各店舗の協力が得られるようになっていました。また、イベントを企画する際に、ターゲットとする顧客像を明確にすることも必要といえるでしょう。有楽町・銀座エリアのホテルに宿泊する訪日外国人旅行者は、欧米系のビ

有楽町産直飲食街

ジネス目的の人が多かったことから、「TOKYO YOKOCHO Week」も、彼らをメインのターゲットとして設定しました。このように、ターゲットを設定する際には、地域に滞在する訪日外国人旅行者の客層を的確に把握することが重要です。

③ 夜間の消費促進―言語による障壁を取り除く―
【ギア―GEAR―（京都府京都市）】

「ナイトライフ」という言葉から連想される体験としては、飲食やショッピングの他に、舞台鑑賞があげられます。ノンバーバルパフォーマンス「ギア―GEAR―」は、訪日外国人旅行者から大きな支持を受けている代表的な公演です。公演回数は2017年10月に2,000回を達成し、これまでの観客動員は15万人以上にのぼります。

○小劇場におけるロングラン公演のパイオニア

「ギア―GEAR―」は、京都市の専用劇場において、2012年からロングラン公演が行われています[1]。専用劇場は、1928年に竣工した歴史ある建物です。かつては毎日新聞社の京都支局であったため、講演会などの

1　1日あたり昼・夜の2公演となっています。

イベントで使われたホールがあり、そこが劇場スペースとなっています。
　「ギア―GEAR―」が登場するまで、日本のエンターテインメントの世界では、小規模な劇場でのロングラン公演がほとんど行われていませんでした。ニューヨークでは、マンハッタンにある500席以下の劇場で行われる公演が「オフ・ブロードウェイ」と呼ばれており、多くのプログラムが連日上演されています。韓国でも、「NANTA」などのプログラムが人気となっています。「ギア―GEAR―」統括プロデューサーの小原啓渡氏は、日本でも小劇場でのロングラン公演を行いたいと思ったのが制作のきっかけであったといいます。

○変化・進化を続けるノンバーバルパフォーマンス
　「ギア―GEAR―」の舞台は、4体の人間型ロボット「ロボロイド」が働き続ける元おもちゃ工場です。そこに、かつて工場の商品だった人形「ドール」が現われることで、物語が展開します。
　劇中では言葉が一切使われないため、外国人や小さな子どもでも楽しむことができるようになっています。また、マイム、ブレイクダンス、マジック、ジャグリングのパフォーマンスが繰り広げられるとともに、プロジェクションマッピングなどの最新技術を活用した演出が融合されています。100席のいわゆる小劇場の規模での公演ということもあり、舞台と観客席との距離が近く、臨場感あふれるところも魅力です。

「ギア―GEAR―」専用劇場外観

　ロボロイドとドールを演じる役にはそれぞれ複数の俳優やパフォーマーがいて、日替わりでその組み合わせは毎回変わります。公演内容も、観客のアンケート結果などを反映しつつ徐々に変わっており、現在は「バージョン4.0」となっています。このように、常に変化・進化を続けていることが国内外のリ

2. 訪日外国人の旅行消費単価を「上げる」

ピーターを魅了し、ロングラン公演の継続につながっています。

ロングラン公演の場合、「いつでも行ける」という状況が、ともすれば「ずっと行かない」という事につながってしまう可能性があります。今しか見られない体験を提供していくことが、継続には重要といえます。

また、出演者には関西在住者が多く、地域の雇用を生んでいるという点においても経済効果を高めています。小原氏は、「オリンピックの金メダリストは地方になかなかいないかもしれないが、オリンピック種目ではない分野のチャンピオンは地方にもたくさんいるし、彼らの活躍の場は少なかったりする」と語ります。様々なジャンルのトップクラスの人材を活用することが、質の高いパフォーマンスを生み出す原動力となっているのです。

○クチコミにより訪日外国人旅行者の人気が上昇

小原氏によると、外国人客が増えたきっかけは、トリップアドバイザーやSNS上でクチコミが広がったところにあるといいます。インターネット上で外国人に人気であることが知られるようになると、それが日本国内のメディアで紹介されるようになり、日本人客も増加するという相乗効果が生まれたようです。

また、ゲストハウスのオーナーや従業員に招待券を配り、まずご自身で鑑賞してもらい作品を知っていただくという取り組みも行われました。ゲストハウスは、一般的なホテルや旅館に比べて従業員と宿泊者のコミュニケーションが活発であり、宿泊者からお薦めの観光スポットについて聞かれた際に、紹介してもらいやすいのです。

訪日外国人旅行者の場合、京都に着いてからチケットを買う人が多いそうです。劇場の入口には英語の案内文がついたインターフォンが設置されており、当日券を求める外国人客からの問い合わせにも対応しています。

「ギア―GEAR―」の公演風景（撮影：岸隆子）

視点4　消費拠点・消費対象を増やす

事例4-1　集める

　住み慣れた場所とは違い、旅行先では、どこに何があるのかがよく分からないことが多いと考えられます。そうした旅行者の立場に立った場合、交通アクセスが良好な場所に店舗や施設を集積させて、迷うことなく周りやすくすることが有効です。これによって複数の店舗や施設での消費がしやすくなるだけでなく、エリア一帯に賑わいが生まれることで、旅行者にとっても滞在していて楽しい空間になるという副次的な効果も期待できます。ここでは、異なるアプローチによって店舗の集積を果たしている二つの事例を紹介します。

①　食のショーケースとしての屋台村の整備
【かごっまふるさと屋台村（鹿児島県鹿児島市）】

　「かごっまふるさと屋台村」は、旅行クチコミサイトのトリップアドバイザーにおいて、鹿児島市内のレストランランキングの上位に位置しています。同サイトでは、中国語、英語を中心とした各言語による好意的なクチコミが多数寄せられており、訪日外国人旅行者からも人気である様子を伺えます。また、海外のメディアやガイドブックからの取材依頼も多いようです。

　本施設は、九州新幹線の終着駅でもある鹿児島中央駅から徒歩5分程度と、交通アクセスが非常に良好な場所にあります。鹿児島市内には路面電車（市電）や主要観光スポットを巡る路線バスが整備されており、外国人旅行者にとっても周遊しやすい環境となっておりますが、本施設はそれらの停留所からも近い場所に位置しています。

　元々この場所にはホテルが建っていましたが、その跡地を活用する形で、2012年4月に本施設はオープンしました。本施設を作る際にモ

2. 訪日外国人の旅行消費単価を「上げる」

デルとしたのは、青森県八戸市にある「みろく横丁」（2002年11月オープン）とのことです。後に紹介する本施設の特色は、みろく横丁とも共通している部分があります。

本施設の土地・建物は、鹿児島市に本社を置く南国殖産株式会社が所有してい

屋台村の入口

ます。南国殖産株式会社は、地域の総合商社として建設資材や石油類の販売、情報通信、不動産など幅広い分野のビジネスを展開している企業です。本施設に出店している各屋台は、テナントとして南国殖産株式会社と定期借家契約を結ぶ形となっています。屋台村全体の運営は、NPO法人鹿児島グルメ都市企画という組織が担当しており、共用部分の維持管理や、イベントの企画立案・ホームページ管理といった屋台村全体のマーケティングなどを実施しています。また、出店している各屋台が参加する「村民会」という組織もあり、定期的な連絡会の開催や、接客サービス向上に向けた取り組みを行っています。

○県内各地の料理を手軽に楽しめるショーケース

本施設に足を運ぶと、全25軒の屋台と、1軒の案内所を兼ねた焼酎Barが並んでおり、黒豚、黒毛和牛、さつま地鶏といった県産の食材を活用した様々な料理はもちろんのこと、鹿児島を代表するお酒である芋焼酎を楽しむことができます。なお、店内で提供される芋焼酎は鹿児島県産にこだわっており、宮崎県産の芋焼酎（「黒霧島」など）は置いていないとのことです。このように、鹿児島「市」の食材や料理だけでなく、鹿児島「県」全体の食の魅力を体験できるショーケースとなっているところが、本施設の特色の一つといえます。鹿児島市内に居ながらに

して、鹿児島県内の様々な地域の名物料理を手軽に味わうことができるようになっているのです。九州新幹線を降りたあとにこの屋台村に訪れさえすれば、鹿児島県の食の魅力を体験しそこねることはありません。実際、全25軒の屋台のうち、約半数の店舗は、奄美、薩摩川内、長島、指宿といった市外エリアからの出店となっています。もし気に入った屋台が市外の料理をメインにした店舗であれば、その地へ足を運ぶきっかけになることも期待できるでしょう。

一つの屋台は、店内が約8席の大きさです。店内の席は「コの字」または「L字」型となっており、店主を囲むようになっています。そのため、店主とのコミュニケーションもとりやすくなっています。また、席同士の間隔も狭いので、お客さん同士で自然と交流が生まれやすい空間でもあります。本施設は観光客だけが足を運ぶようなところではなく、地元のお客さんからも愛されており、地元客の割合は約6割程度とのこと。隣に座っている人が地元出身である可能性は高く、そこでおすすめの観光情報を聞くこともできます。

屋台の外には、テーブル席もあります（こちらも一つの屋台につき約8席程度の大きさです）。テーブル席は、隣の屋台の料理が見えるよう

図表5　屋台村の全体マップ

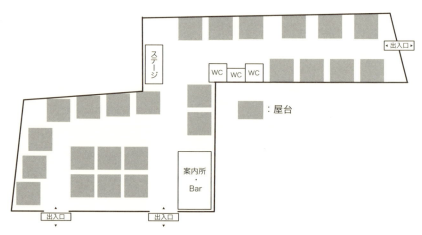

な近さです。基本的に、各屋台では看板料理や食材に特化したメニューが中心であるため、「黒豚を食べたら次は魚介、締めはラーメン」といったように、複数の屋台を回りやすくなっています。

　また、本施設にはイベントスペースが用意されています。こうしたスペースを活用しながら、年に数回、様々なイベントが開催されており、賑わいの創出に一役買っています。これまでの実績としては、焼酎や黒グルメ（黒豚など「黒」がつく食材を使った料理）といった特定のメニューに着目したものや、独身男女の出会いを生む「村コン」などがあります。

○屋台の定期入れ替えが生む効果
　本施設のもう一つの特色は、3年間で一度すべての屋台を入れ替える制度をとっている点にあります。屋台への出店は公募制となっており、入れ替えの際には既存店も応募が可能となっています。実際に、2015年4月のリニューアルオープン時には、既存店が13店舗、新規店が12店舗というラインアップとなりました。この時には、屋台の設置場所をすべてシャッフルし、既存店も元の位置とは違う場所に移動するようにして、立地の有利不利が出ないように営業条件を平等にしました。

　一定期間ですべての店舗が入れ替わるというシステムは、店舗募集、選定、契約といった諸作業が多く発生するという手間がかかると見えるかもしれません。しかし、リピーターに対して新鮮な魅力をアピールできるという利点があります。訪日外国人旅行者の場合、同じ地域へリピート訪問する場合でも2～3年に1回という場合が多いと考えられるため、3年間を一区切りとするタイミングはちょうど良いのかもしれません。

　また、屋台経営の希望者を安定して受け入れ、それと同時に、既存の屋台経営者が本施設を巣立ち、自分の店を持つといった次のステップへ移ることが可能となるという利点もあります。本施設のコンセプトの一つには、「若手起業家の育成」があります。本施設は、地域内で飲食店を開業したい人たちのトレーニングの場としても機能しているのです。

第2章◆最新20事例に学ぶ！　経済効果向上へのカギ

先に述べた通り、出店している各屋台が参加する「村民会」では、接客のレベルアップなどに関する研修事業が展開されています。屋台経営者の中には、飲食業での経験が豊富な店長もいるため、そうした「先輩」が、新規に飲食業へ参入した店長に対して運営ノウハウを教えるということも行われているようです。こうした取り組みの結果、2015年4月のリニューアル時には、本施設から「卒業」して、新規に自分のお店を持てるようになった例が生まれました。

○インバウンド対応に向けた取り組み〜多言語対応・周辺施設との連携

　本施設のインバウンド対応に向けた代表的な取り組みとしては、以下のようなものがあります。一つ目は、パンフレットの多言語対応であり、英語版、中国語（繁体字・簡体字）版、韓国語版が用意されています。二つ目は、すべての屋台において、主要なメニューの英語版を作成していることです。屋台によっては、独自に詳細な多言語版のメニューを作成しているところもあります。ちなみに、外国人に人気のメニューはラーメンとのことです。鹿児島のラーメンは、福岡の豚骨ラーメンに比べて味つけがあっさりしているため、食べやすいのかもしれません。三つ目は、外国語版のホームページの整備です。ホームページ上では、先に紹介したトリップアドバイザーのクチコミが参照できるようになっています。

　また、本施設の近隣にあるホテルでは、宿泊者にクーポン券（500円分）とパンフレットを配布するプランを用意しています。このように、周辺施設との連携を行うことにより、さらなる来客数の増加が期待できます。

2. 訪日外国人の旅行消費単価を「上げる」

② 空き店舗を活用したメインストリートの再整備
【株式会社WAKUWAKUやまのうち（長野県山ノ内町）】

　長野県山ノ内町には、訪日外国人旅行者の人気観光スポットとして有名な「地獄谷野猿公苑」があります。ここでは、動物園と異なり檻がない状態で、野生のニホンザルを間近で観察できるようになっています。しかも苑内に現われるニホンザルの数は非常に多く、自分の周りをニホンザルに囲まれる体験はここでしか味わえないでしょう。また冬期には、温泉に入ったニホンザルを見ることができ、その姿は「スノーモンキー」という愛称とともに広く知られています。野生のニホンザル自体が外国人にとっては珍しく、さらに温泉に入る姿はとても可愛らしくて魅力的に感じられるのかもしれません。「地獄谷野猿公苑」の外国人来場者数は、年間約10万人にのぼっているといわれています。

　このように有名な観光資源を有する山ノ内町の玄関口となっているのが、長野電鉄の湯田中駅です。湯田中駅は、長野駅から特急電車で約50分という場所にあります。そして、同駅の周辺エリアには9つの温泉地が集まっており、「湯田中渋温泉郷」と呼ばれています。湯田中渋温泉郷は、かつてはスキー客や団体旅行客で大きな賑わいを見せていましたが、1990年頃をピークに観光客数が減少傾向にあります。先に紹介した「スノーモンキー」の効果で、このエリアを訪問する外国人旅行者の数は増加していますが、日帰り客も多く、温泉地への滞在には必ずしもつながっていないという状況でした。

　株式会社WAKUWAKUやまのうちは、湯田中渋温泉郷を構成する温泉地の一つである湯田中温泉エリアを中心に、宿泊施設や飲食店の整備をはじめとした地域活性化事業を展開し、訪日外国人旅行者の滞在・消費の促進を図っています。

○地域のメインストリートに、外国人旅行者にとって必要な機能を整備
　湯田中温泉は、湯田中駅を降りてからすぐのエリアに広がっています。

第2章◆最新20事例に学ぶ！ 経済効果向上へのカギ

図表6　各店舗の位置関係

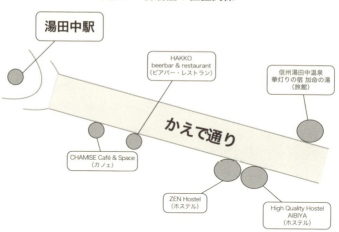

　同地のメインストリートといえるのが、「かえで通り」です。通り沿いには、かつては多くの観光関連店舗（旅館、土産物店、飲食店）が建ち並んでいましたが、観光客数の減少や後継者不足によって、空き店舗が増加し、賑わいが減少していました。株式会社WAKUWAKUやまのうちは、このような空き店舗を対象にリノベーションを行うことで新たな施設を整備する取り組みを行っており、2016年からレストラン、カフェ、宿泊施設が営業をスタートしています。これらの施設は、訪日外国人旅行者の滞在にとって必要な存在といえるものです。ここからは、同社が直営する店舗について、簡単に紹介します。

CHAMISE

　湯田中駅から一番近い位置にあるのが、カフェ「CHAMISE」です。同店では、地元の名産であるリンゴを用いたドリンクメニュー（例：やまのうちジンジャーエール、アップルジンジャーソイミルク）や、シェイク、フレンチトー

◆ 66 ◆

2. 訪日外国人の旅行消費単価を「上げる」

ストなどを提供しています。

　CHAMISEから少し足を伸ばすと見えてくるのが、ビアバー・レストラン「HAKKO」です。店名の「HAKKO」が示す通り、発酵食品を好んで食べる長野県の食文化を反映し、味噌・酒・麹を活用したメニューが充実しています。また、同店では地元産の「志賀高原ビール」をはじめ、日本各地のクラフトビールを楽しむことができます。料理を複数人でシェアしない習慣の国から来るお客さんのために、1人でも食べきれる分量とするなど、細かな点でも外国人旅行者への配慮がなされています。

HAKKO

AIBIYA
写真提供：株式会社WAKUWAKUやまのうち

　HAKKOの数軒先にあるのが、ホステル「AIBIYA」です。ホステルは、ホテルや旅館に比べるとサービスやアメニティが簡素である分、宿泊費が安く、スタッフと宿泊者との交流もしやすいといった特徴を持つ施設形態です。特に欧米豪からの個人旅行者にとっては馴染み深いタイプの宿泊施設であり、AIBIYAにも世界各国の旅行者が連日滞在しています。また、AIBIYAでは近隣の温泉旅館と提携し、宿泊者向けに日帰り入浴の有料サービスを実施しており、エリア全体での消費促進を図る取り組みも行われています。

○地元金融機関と連携し、若者を経営人材として育成する

　このような複数の施設整備は、どのように実現されたのでしょうか。この点について探るために、株式会社WAKUWAKUやまのうちの設立

第2章◆最新20事例に学ぶ！　経済効果向上へのカギ

経緯や、事業展開の特徴を見ていくことにします。

　2013年に、地元の金融機関である株式会社八十二銀行は、山ノ内町において地域経済活性化のためのプロジェクトに着手しました。その背景について、2014年よりプロジェクトの中心的役割を担い、八十二銀行の行員と株式会社WAKUWAKUやまのうちの監査役を兼務している中尾大介氏は「地域経済が縮小すると企業の資金需要も減少するなど、将来的に銀行の経営基盤が安定しなくなるという危機感がありました」と語ります。プロジェクトは、地元の関係者の方々と検討会を開催する形でスタートし、具体的な地域活性化のためのプログラムの実行部隊を担う組織として、2014年4月には合同会社という法人格でWAKUWAKUやまのうちが設立されました（2015年に株式会社へ組織変更）。

　中尾氏によると、取り組みの転機となったのは、官民ファンドの地域経済活性化支援機構（REVIC）と連携を開始したことと、現在AIBIYAの経営に携わっている西澤良樹氏との出会いだったそうです。これらの出来事を通じて、官民ファンドを活用し、空き店舗を再生していく事業の枠組みができました。具体的には、空き店舗や休廃業した旅館は、新たに設立したWAKUWAKU地域不動産マネジメントという不動産管理会社が官民ファンドの資金を活用して賃借や取得を行い、施設経営の担い手と一緒にリノベーションを行います。リノベーションした物件は、株式会社WAKUWAKUやまのうちが直営したり、別の事業者にサブリースしたりする[1]ことで、地域内での施設整備が進んでいったのです。

　こうした取り組みが実現したポイントとしては、三つあると考えられます。一つ目は、金融や企業経営についての専門的な知識と経験を有する人材が関わったことです。二つ目は、プロジェクトに関わる方々が地道な活動を通じて関係者との信頼を形成していったことで、空き

---

[1]　サブリースしている施設としては、ホステルの「ZEN」と、温泉旅館「加命の湯」があります。

2. 訪日外国人の旅行消費単価を「上げる」

店舗の再生が進んだことです。空き店舗の中には、オーナーが自宅として居住していたケースもありましたが、地域活性化のためのイベント開催などを通じたコミュニケーションを深めることで、物件を任せてもらえるようになったそうです。三つ目は、先に紹介した西澤氏のような、地元出身で起業意欲の高い若者が施設経営の担い手となっていることです。西澤氏の場合、旅行者として世界各地を回るだけでなく、海外のホステルで勤務した経験を持っていたことから、AIBIYAのコンセプト[2]が明確となっており、外国人旅行者のニーズを的確に捉えることができました。

　従来は、起業にやる気のある若者がいても、資金面や経営スキルの面から事業継続が難しくなることが多かったと考えられます。しかし、株式会社WAKUWAKUやまのうちの場合は、資金面では先に紹介した枠組みを用いることで課題が解決できています。経営スキル面については、同社代表取締役社長の岡嘉紀氏（REVICから派遣）や中尾氏を交えて経営会議を定期的に開催し、能力育成の機会を設けています。このような形で将来の経営人材が育っていくことにより、地域経済の持続性を確保していくことが期待できます。

2　「Escape from travel 〜旅から離れよう〜」がコンセプトとなっており、ゲストが落ち着いて過ごせるように、客室には2段ベッドではなく、畳の上にローベッドを置いています。また、マットレスも、欧米系の人が慣れ親しんでいる柔らかい寝心地のものを採用しています。

第2章◆最新20事例に学ぶ！　経済効果向上へのカギ

事例4-2　周遊パスを活用した消費促進

　外国人観光客の日本滞在中の移動をサポートするサービスに「周遊パ
ス」があります。特定エリア内で鉄道やバスなど公共交通機関が乗り降
り自由になる乗車券です。訪日外国人の増加に伴い、外国人向けの周遊

図表7　訪日外国人観光客向けの主な周遊パス

地方	名称	運営主体	対象交通機関
北海道	Hokkaido Rail Pass	JR北海道	JR北海道（北海道新幹線を除く）および北海道内の一部JRバス
関東	JR TOKYO Wide Pass	JR東日本	フリーエリア内のJR東日本線、富士急行線全線、伊豆急行線全線、東京臨海高速鉄道線全線、東京モノレール線全線、上信電鉄線全線および埼玉新都市交通線（ニューシャトル）の「大宮～鉄道博物館間」の特急（新幹線含む）・急行列車・普通列車の普通車指定席、東武相互直通特急「日光号」「スペーシア日光号」「きぬがわ号」「スペーシアきぬがわ号」等の特急列車の普通車指定席
関東	WELCOME！Tokyo Subway Ticket（round trip）	京浜急行電鉄、東京都交通局、東京地下鉄	羽田空港国際線ターミナル駅～泉岳寺駅の京急線（往復乗車券）、都営地下鉄および東京メトロ全線
関東	KEIKYU Misaki Maguro Pass	京浜急行電鉄	京急線全線、京急バス金沢八景以南
四国	ALL SHIKOKU Rail Pass	四国運輸局、四国ツーリズム創造機構、JR四国、土佐くろしお鉄道、阿佐海岸鉄道、高松琴平電気鉄道、伊予鉄道、とさでん交通	JR四国、土佐くろしお鉄道、阿佐海岸鉄道、高松琴平電気鉄道、伊予鉄道、とさでん交通
九州	JR Kyushu Rail Pass（All Kyushu Area Pass）	JR九州	九州全域の普通、特急、新幹線区間（山陽新幹線の博多～小倉間を除く）

資料：各運営主体のウェブサイト掲載情報などをもとに（公財）日本交通公社作成（2017年3月現在）

◆70◆

2. 訪日外国人の旅行消費単価を「上げる」

パスも充実してきました（**図表7**）。周遊パスには、観光客の移動の自由度を高め、幅広いエリアでの消費機会を増やす効果が期待できます。

　これまで、アジアからの訪日観光客には団体ツアー客が多く、観光バスでの移動が中心でした。しかし、訪日リピーターの増加や格安航空会社（LCC）の路線拡充、民泊など宿泊施設の多様化を背景に、近年は自

料金（大人1人）	特典内容など
連続3日間：16,500円 不連続可能4日間：22,000円 連続5日間：22,000円 連続7日間：24,000円	JR駅レンタカーの割引特典が付加されている。
連続3日間：10,000円	旧「JR Kanto Area Pass」に、新たに東京臨海高速鉄道線、訪日旅行客に人気の越後湯沢駅やガーラ湯沢駅がエリアに追加された。GALA湯沢スキー場での「ゴンドラ券付きそり遊びセット」（往復のゴンドラ券＋そり・長靴・手袋のセット）や、「GALAリフト券付きロッカーセット」（「リフト1日券」＋「ロッカー券」＋「レンタルスキー10％割引」＋「スクール10％割引」）を割引価格にて提供。「SPAガーラの湯」も割引価格で利用できる。
24時間券：1,500円 48時間券：1,900円 72時間券：2,200円	羽田空港にある京急ツーリストインフォメーションセンターにて発売。都内の博物館や美術館、さらに飲食店などで、「東京メトロ」および「東京都交通局」が発行する一日乗車券などの対象乗車券を提示すると、割引やプレゼントなどの特典が受けられる。特典スポットは東京メトロ沿線および都営交通沿線に400以上ある。
2日間：5,500円	まぐろ料理食事券とレジャー施設利用券（2枚）がセットになった、2日間有効の訪日外国人向け企画乗車券。海外旅行代理店やJTB訪日外国人向け旅行予約サイト「JAPANICAN.com」での事前購入が必要。京急線内の指定箇所で引換券と身分証明書（パスポート等）を提示する。
海外で購入（日本国内で購入） 2日間：7,400円（7,900円） 3日間：8,500円（9,000円） 4日間：9,400円（9,900円） 5日間：10,000円（10,500円）	高速バス「なんごくエクスプレス」（松山〜高知間）や「南海フェリー」（徳島港〜和歌山港）、「石崎汽船」および「瀬戸内海汽船」（松山港〜広島港）を割引料金で利用可能。伊勢丹高島屋の大型観覧車「くるりん」を無料で利用可能。なお、同バスは日本国内でも購入可能だが、海外で購入する場合よりも500円割高となる。2016年7月より香港エクスプレス機内での販売をスタート。
3日間：15,000円 5日間：18,000円	3日券は座席予約10回まで、5日券は座席予約16回まで可能。「All Kyushu Area Pass」の他、「Northern Kyushu Area Pass」や「South Kyushu Area Pass」といったエリア限定のパスもある。2015年1月より香港エクスプレス機内での販売をスタート。

分で移動手段や宿泊を手配する個人観光客が増えています。個人観光客の場合、公共交通機関での移動が中心となりますが、慣れない旅行先で目的地までの経路を調べたり、切符を購入したりすることは予想以上に困難です。周遊パスはこうしたストレスの解消に役立ちます。本節では、外国人観光客に人気の『大阪周遊パス』の事例を紹介しながら、周遊パスを活用した消費単価の向上策のあり方を考えていきましょう。

○周遊パスによる行動範囲の拡大と消費促進【大阪周遊パス（大阪観光局）】

○フリー乗車だけでなく複数の有名観光施設に無料で入場が可能

『大阪周遊パス』は（公財）大阪観光局が観光客向けに発行している周遊パスです。このパスが外国人観光客の間で人気を博しています。

大阪周遊パスの販売開始は、テーマパーク「ユニバーサル・スタジオ・ジャパン」が大阪に開業した2001年にさかのぼります。当初は、このテーマパークを訪れる日本人観光客をターゲットに、大阪市街地での周遊を促す目的で発行されました。その後10年超の時を経て、同パスの利用者は日本人から外国人へ大きくシフト。今では、外国人の利用が全体の8割以上を占めるまでになりました。

販売枚数は2012年頃から増え始め、2015年度に大きな伸びを記録。

図表8 『大阪周遊パス』の年間販売枚数の推移

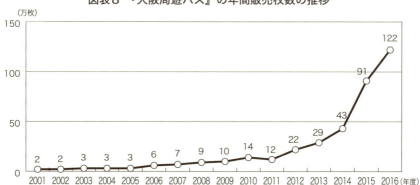

資料：（公財）大阪観光局

2. 訪日外国人の旅行消費単価を「上げる」

2016年度にはついに年間100万枚を突破しました（**図表8**）。この間、日本全体でも訪日個人観光客の人数が急増しており、この商機をうまく捉えた格好です。国籍別では韓国人の利用がおよそ3割と最も多く、次いで台湾人や中国人が多いです。最近では、タイやマレーシアなど東南アジアからの観光客の利用も目立ってきています。

大阪周遊パスが1枚あれば、1日券（大阪エリア版）なら大阪地下鉄全線・大阪シティバス全線（一部区間を除く）の他、私鉄5社の大阪市内区間が乗り降り自由。その上、大阪城天守閣や通天閣など有名スポッ

図表9 『大阪周遊パス』の種類

種類	1日券（大阪エリア版）	1日券（拡大版・南海関空版）	2日券
料金	2,500円	阪急拡大版　2,900円 阪神拡大版　2,900円 南海拡大版　3,200円	3,300円
乗り降り自由区間	大阪市営地下鉄・ニュートラム・バス全線［2018年4月より大阪地下鉄全線、大阪シティバス全線（一部区間を除く）］／主に大阪市域の阪急・阪神・京阪・近鉄・南海の鉄道会社線（ただし、南海国際空港駅からの利用は不可）	大阪エリア版の乗り降り自由区間のほか、阪急・阪神・南海の各鉄道会社が指定するエリアからの利用が可能（南海拡大版では関西空港からの利用が可能）	大阪市営地下鉄・ニュートラム・バス全線［2018年4月より大阪地下鉄全線、大阪シティバス全線（一部区間を除く）］
無料で利用可能な施設など	（各券共通）※2017年11月現在 道頓堀ZAZA／上方浮世絵館／JAPAN NIGHT WALK TOUR／とんぼりリバークルーズ（または「とんぼり River JAZZ Boat」「中之島リバークルーズ」）／梅田スカイビル 空中庭園展望台／HEP FIVE観覧車／天然温泉 なにわの湯／大阪くらしの今昔館（住まいのミュージアム）／大阪市立科学館／大阪市立東洋陶磁美術館／梅田ジョイポリス ワイルドリバー／通天閣／四天王寺（中心伽藍、本坊庭園）／大阪市立美術館／天王寺動物園／慶沢園／大阪市立長居植物園／大阪市立自然史博物館／大阪城天守閣／大阪城 西の丸庭園／重要文化財 大阪城の櫓／大阪歴史博物館／大阪企業家ミュージアム／ピースおおさか（大阪国際平和センター）／大阪水上バス アクアライナー／大阪水上バス天満橋ベストビュークルーズ／大川さくらクルーズ／大阪城御座船／咲くやこの花館／天保山大観覧車／キャプテンライン／帆船型観光船 サンタマリア デイクルーズ（または「帆船型観光船 サンタマリア トワイライトクルーズ」）／大阪府咲洲庁舎展望台／レゴランドⓇ・ディスカバリー・センター大阪／天然露天温泉 スパスミノエ		

資料：（公財）大阪観光局の資料をもとに（公財）日本交通公社作成

トや温泉施設、道頓堀でのミニクルーズ乗船を含む35の観光施設等にも無料で入場できます（図表9）。

　さらに、同パスと一緒に配布している案内ガイドブックには割引クーポンが付いており、25施設と67店舗で特典が用意されています。観光客は3〜4か所の有料施設に入場すればパス料金の元を取ることができ、公共交通機関の乗車券が実質無料となる計算。移動ストレスの解消にとどまらず、観光客にとっては費用面でも大きなメリットのある周遊パスになっています。

○参加事業者が応分の負担をし、割引率の高い周遊パスを実現

　なぜ、このような割安な料金で周遊パスの発行が可能となるのでしょうか。費用面からみた大阪周遊パスの仕組みを紐解いていきましょう。

　まず、大阪周遊パスに参加する公共交通機関に対しては、乗車回数や距離にかかわらず、同パスの売り上げ1枚当たりで決められた金額が支払われます。極めてシンプルな仕組みです。公共交通機関の立場から考えると、通常の乗車券に比べれば客単価が下がるものの、一定額が安定的に入ってくる点がメリットとなります。

　大阪周遊パスの無料入場施設に対しては、同パスの売り上げから発行元の事務手数料等と上記の公共交通機関への支払い分を差し引いた残額を配分することになります。これらの施設への支払方法は、施設の利用者数に応じて一定の算式で算出した金額を支払う仕組みです。無料入場施設への配分額は平均すると定価のおよそ6割であり、割引率は高めに設定されています。

　このように、大阪周遊パスで利用可能な公共交通機関や観光施設がそれぞれ応分の負担をすることにより、同パスの割安な料金を実現しています。この負担をどう捉えるかは、事業者によって見解が異なるかもしれません。しかし、大阪周遊パスへの参加事業者の多くは、その集客効果を高く評価しており、割引分の金額は広告費用と認識しています。実際、参加事業者の中には外国人観光客の集客に成功し、売り上げを伸ば

2. 訪日外国人の旅行消費単価を「上げる」

すところが出てきており、こうした様子を見て同パスの無料入場施設になることを希望する事業者が増える、という好循環が起こっています。

大阪周遊パスの無料入場施設の事例として、株式会社ユニコムが運営する「天然温泉 なにわの湯」の事例を紹介します。この施設は観光客が集う場所から少し離れたところに立地していますが、大阪周遊パスを携えた多くの外国人観光客が訪れています。

外国人観光客の利用が多い温泉施設「なにわの湯」

外国人観光客は利用者全体のおよそ25％。韓国人や中華系の観光客が多く、大半が大阪周遊パスを利用して入館します。同パスの無料入場施設になったのは2011年からですが、同パス利用による外国人入館者数は2012年の2万4,000人から2016年には16万5,000人となり、5年間でおよそ7倍に拡大しました。

外国人観光客の消費の特性は、タオルや歯ブラシなどのように日本人であれば持参するような物品をその場で購入することです。入館料は周遊パスの利用で実質割引になりますが、こうしたプラスαの消費が生まれることで消費単価の向上につながっています。

外国人は日本の珍しい生活文化への関心も高く、例えば自動販売機で売っている牛乳が人気です。瓶で売られている牛乳が珍しいようで、自分が飲む様子を自撮りしてSNSで発信したり、中には空の牛乳瓶を土産品として持ち帰ったりする人もいます。

一方、施設内での滞在時間は1時間程度と日本人に比べ短く、館内の飲食施設を利用したりリラクゼーションを受けたりする人も現状では少ないとのこと。工夫次第で、消費単価向上の余地はありそうです。

気がかりな点は、外国人は入浴文化が日本人と異なるため、日本人利

用者からのクレームが増え、日本人利用者数も減少傾向にあることです。そこで、施設の利用方法を説明する掲示物を充実させるなど、日本人利用者と外国人観光客がともに快適に過ごせる場づくりを進めています。

○参加へのハードルが高い「体験」消費の促進にも効果的

　大阪周遊パスの提示により無料で楽しめるのは観光施設だけではありません。慣れない旅行先では二の足を踏みやすい「体験」への参加も促し、単価向上につなげています。ここでは、外国人観光客に人気の「とんぼりリバークルーズ」の事例を紹介します。

　大阪の言わずと知れた繁華街「道頓堀」。そこに流れる道頓堀川をおよそ20分かけて巡るミニクルーズが「とんぼりリバークルーズ」です。一本松海運株式会社が2005年より運航を開始しましたが、2015年頃から外国人観光客の利用が急増しています。満員の乗客を乗せて道頓堀を走る光景が印象的です。

　大阪周遊パスに参加したのは2009年からです。営業開始当初から参加を希望していましたが、大阪市の道頓堀川水辺整備事業に伴う航路閉鎖の影響で運休期間が多く、通年定期運航でなければ同パス利用者への説明が難しいという理由で見送られた経緯がありました。大阪周遊パスは多くの観光施設や体験を無料で利用できる分、それぞれの営業情報の内容には常に「わかりやすさ」が求められるのです。そこで、一本松海運では同整備事業との情報共有を密にし、観光客に向けてわかりやすい情報公開を積極的に行いました。こうした取り組みが評価されるとともに、「水都大阪」としての観光振興に対する地元の期待の高まりも後押しして、まだ運休期間がありながらも、とんぼりリバーク

外国人観光客で満員の「とんぼりリバークルーズ」

ルーズの大阪周遊パスへの参加が認められることとなりました。

　とんぼりリバークルーズの乗客はおよそ8割が外国人（2016年実績）です。特に韓国人の利用が多く、SNSによる情報拡散の影響が大きいといいます。日本人と外国人を含めた乗客全体のうち、大阪周遊パスを提示して乗船した乗客の割合はおよそ7割（2017年4—6月期実績）と高く、同パスの集客力の高さがうかがえます。

　時間帯では夜の便が特に人気で、チケット売り場を開けると数時間で売り切れてしまいます。そこで、定員の多い船を新しく造ったり、夜間に増便したりするなどの対策を講じています。新商品開発による乗客分散の取り組みも進めており、ジャズの生演奏が楽しめる「とんぼりRiver JAZZ Boat」やライトアップされた橋や建物の美しい夜景とヘッドフォンの音響を連動させた「中之島リバークルーズ」といった新たなミニクルーズを提供し始めています。これらの新商品も大阪周遊パスで乗船することが可能です。

○周遊パスの提供は「消費の場」づくりとセットで

　周遊パスを活用して観光施設等への集客に成功したとしても、それだけでは消費単価の向上にはつながりません。外国人観光客の消費単価を高めるためには、周遊パスへの参加とともに「消費の場」づくりにも併せて取り組むことが求められます。以下では、ミュージアムショップの併設や体験プログラムの提供などで来館者の消費単価の向上を図っている「上方浮世絵館」の事例を紹介します。

　江戸時代、道頓堀周辺には芝居小屋が立ち並び、歌舞伎が演じられていました。大阪で作られた浮世絵は、この時代の歌舞伎役者を描いたものが大半であることが特徴。「上方浮世絵館」は、これらの浮世絵を常設展示する世界唯一の美術館です。

　年間入館者数はおよそ1万2,000人で、このうち外国人がおよそ6割を占めます。外国人来館者のおよそ7割が大阪周遊パスを提示して入館しており、その集客効果は抜群です。同パス利用者からの入場料収入

「上方浮世絵館」のミュージアムショップ

は実質的に半額となってしまいますが、併設されているミュージアムショップでの買い物や、浮世絵の制作体験を提供することで、追加の消費を生むことに成功しています。

　ミュージアムショップでは、浮世絵にちなんだ商品の他、数多くの和風雑貨が所狭しと並びます。外国人観光客には、ポストカードや「豆本」という小さいサイズの本など、持ち帰りやすいものが人気。客単価は1,000〜2,000円ですが、手拭いや風呂敷など単価の高いものを購入する人であれば優に3,000円を超えます。

「上方浮世絵館」が提供する浮世絵制作体験

浮世絵の制作体験も外国人観光客に人気があります。「歌舞伎」は知らずとも「浮世絵」を知っている外国人は多いとのことです。所要時間や難易度により初級、中級、上級の3コースを設定しています。3日前までの予約が必要ですが、大阪周遊パスで入館した外国人観光客の中にも、事前にメールや電話等で体験予約する人が少なくないとのことです。同館のFacebookページを見て、浮世絵制作体験を希望して再訪する人もいるそうです。

このように、周遊パスで外国人観光客の来訪を促しつつ、併せて「消費の場」づくりを行うことで、消費単価の向上を実現することが可能となるのです。

○個人観光客の買いたいタイミングをキャッチ！販路の充実がカギ

周遊パスのターゲットは、団体ツアーに参加せずに、航空券や宿泊施設などを自身で個別に手配する個人観光客です。すべての旅行手配を旅行会社にお任せする団体観光客とは異なり、彼らは旅行中の行動を自由に決めることができます。そのため、個人観光客が周遊パスを買いたいと思ったときに買えるように、販路を充実させておくことが大切です。

大阪周遊パスの販路は多岐にわたります。海外代理店販売が全体の4割を占めますが、日本に到着してからも観光案内所や鉄道駅、宿泊施設など、外国人観光客が立ち寄りやすそうな様々な場所で購入することができます。

今後の伸びが期待できる販路は、LCCでの機内販売です。近年、LCCを利用して訪日する個人観光客が増加していますが、彼らはまさに周遊パスのターゲットと一致しています。大阪周遊パスの事例ではないのですが、香港エクスプレスやピーチなど、既に日本国内の周遊パスを機内で販売している実例もあります。観光案内のパンフレットを機内で一緒に配布すれば、外国人観光客の消費意欲の向上にもつながります。

○域内連携で外国人観光客必携の「定番の一枚」に

　外国人観光客に周遊パスの利用を定着させるためには、知名度の高い「定番の一枚」となることが大切です。そのためには、外国人観光客を受け入れる地域を代表する公共交通機関を含めて、多くの観光関連事業者の連携が不可欠です。

　一般に、周遊パスは公共交通機関が自ら発行していることが多いですが、本節で取り上げた『大阪周遊パス』は地域の観光推進組織が発行しています。域内の多くの観光事業者とのネットワークを持つこうした組織が調整役を担い、かつ外国人観光客のニーズに合った周遊パスを目指してサービス内容の進化に努めた結果、大阪を観光する外国人必携の「定番の一枚」という確固たる地位の確立につながりました。

　近隣アジアからの観光客を中心に、団体客から個人客への変化が急速に進む訪日市場。LCC路線拡大や宿泊施設多様化の動きは継続しており、個人旅行化は今後もさらに進むことでしょう。訪日個人観光客の消費単価を向上させるため、単なる移動のサポート役に留まらない、旅行先の魅力的な観光施設への訪問や体験への参加を促す機能を持った周遊パスの充実が期待されるところです。

2. 訪日外国人の旅行消費単価を「上げる」

事例4-3　古民家宿を核とした消費促進

　昨今、ゲストハウスやカプセルホテルなど外国人観光客のニーズに対応した様々なタイプの宿泊施設が増えています。これらに共通する特徴は、食事の付かない「素泊まり宿」であることです。

　1泊2食スタイルで日本人には馴染み深い「旅館」は、外国人観光客にはあまり利用されていません。週末に1泊2日の滞在が主流の日本人観光客とは違い、外国人観光客は何日にもわたって滞在するため、食事は宿の外で食べるスタイルが定着しているのです。

　外国人観光客が利用する素泊まり宿の周辺には、飲食店や生活用品店といった消費の場が欠かせません。裏を返せば、素泊まり宿を核としたインバウンド消費促進の取り組みは、商店街全体で単価を上げる仕組みを作りやすいということができます。本節では、京都ならではの古民家である「京町家」を活用した素泊まり宿を核として外国人観光客の消費を促す事例を紹介します。

○高価格帯の宿を拠点とした周辺商店街での消費促進 　【京町家コテージkarigane（京都府京都市）】

○丹精込めて京町家を修復、一棟貸しの素泊まり宿として再生

　「京町家コテージkarigane」（以下、karigane）は京都市北区の紫野門前町にある一棟貸しの素泊まり宿です。レトロで懐かしい雰囲気が残る新大宮商店街の中に立地しています。歩いてほど近い場所には、茶の湯文化と縁の深い「大徳寺」があり、境内には塔頭22ヶ寺が甍を連ねます。

　この宿の名称に付いている「京町家」とは、京都市の条例[1]によりますと「建築基準法が施行された昭和25年以前に建築された木造建築物で、伝統的な構造及び都市生活の中から生み出された形態又は意匠を有

1　京都市京町家の保全および継承に関する条例

◆81◆

下岡広志郎さん・莉香さんご夫妻

するもの」と定義されています。現在でもおよそ4万軒[2]の京町家が京都市内に残存しています。京町家は京都ならではの古民家といえるでしょう。

kariganeは、下岡広志郎さん・莉香さんご夫妻2人で運営されています。ともに海外での生活経験があり、また莉香さんには多くの外国人が集うゲストハウスでのアルバイト経験がありました。こうした経験を通して「世界中から旅人が集う宿を運営したい」という思いを抱くようになります。とある転機をきっかけに、夫妻そろって1年5か月の世界一周旅行に出発。世界43か国を巡りながら、理想の宿の構想を練り上げていきました。帰国後は早速、宿の運営準備に着手。以前は茶道の先生が居住していたという築85年の京町家を借り受け、職人の手と知恵を借りながら1年近くかけて自分たちの手で丹精を込めて建物の修復を行いました。そして2017年5月、満を持して「京町家コテージkarigane」の営業をスタートさせました。

○先輩同業者との偶然の出会いから、高価格帯の一棟貸し宿の運営を決意

　当初、2人は低価格帯のゲストハウスを運営しようと考えていました。しかし、世界一周旅行から帰国した2016年はすでに訪日旅行ブームに沸いており、ゲストハウスの数も飽和状態。新たに始めようにも適当な物件が見当たらない状況でした。

　宿の物件を探していたときに偶然見かけたのが、改修工事中の京町家でした。その場で、現在は京町家一棟貸しの宿「藏や」の専務取締役である赤澤氏と出会い意気投合。これを機に、2人の目指す宿は低価格帯

2　京都市都市計画局「京町家まちづくり調査に係る追跡調査の結果について」

2. 訪日外国人の旅行消費単価を「上げる」

（左）建物外観　（右）手作りの風呂場タイル壁

のゲストハウスから高価格帯の京町家の宿へとシフトしていきます。

○延べ泊数の9割が外国人、夫妻の手厚い持てなしが高評価

　現在、kariganeの宿泊客のおよそ半数が外国人です。外資系の大手宿泊予約サイトに登録しているため、世界中から宿泊客が訪れます。日本人の多くは休日に1泊しかしませんが、外国人は数日間滞在するケースが多く、延べ泊数でみると6割が外国人です。国籍別では中国人が最も多く、富裕層なのかプライベートガイドを雇って空港からタクシーを利用して宿を訪れます。欧米人の利用も比較的多く、30代以上のカップルが祇園や四条河原町などの観光中心地をあえて避け、静かなエリアに立地するkariganeを選んで宿泊しているようです。座禅や茶道といった体験に興味を持っている人が多いのも欧米人宿泊客の特徴です。

　宿泊客の到着時間をねらい、玄関前で夫妻揃って宿泊客を出迎えます。扉を開けて京町家の建物の中に入ると、爽やかなヒノキの香りに包まれます。1階畳間で莉香さんが朗らかな笑顔で宿の説明をする横で、和服姿の広志郎さんがお茶を点てるのがkarigane流のおもてなしです。日本文化に関心の高い外国人観光客の心に深く刻み込まれる場面です。

◆83◆

宿泊客到着時のkarigane流おもてなし

　外資系の某宿泊予約サイトには、一戸建て別荘として京都市内に600軒以上の情報が掲載されていますが、この中でkariganeは口コミ評価上位5％に含まれるほどの人気宿となっています。日本人はもちろん、米国や中国、シンガポールなど様々な国から高評価のコメントが寄せられており、伝統的な建築物とともに真心のこもった手厚い持てなしに感激する声が目立ちます。「建物」が特徴的な京町家の宿であっても、出迎える「人」の魅力が大切なのです。

○朝夕を中心に、素泊まり宿周辺には自ずと消費が生まれる

　従来の旅館とは異なり、素泊まり宿では一般に夕食や朝食が付きません。そのため、宿泊客は必然的に宿の周辺で食事を取る場所（もしくは買う場所）を探すことになります。つまり、商店街の中に素泊まり宿が立地すると、その商店街の飲食店に対する新たな需要が生まれるのです。飲食店のみならず、日本での滞在中に必要となる生活用品や土産品など、小売店への需要も生じます。多くの商店街において収益の柱は地元客による消費ではありますが、素泊まり宿の宿泊客による消費はこれを下支えする存在といってよいでしょう。

　kariganeの近くにも夕食や朝食が食べられる飲食店が複数軒あります。宿の向かいのカフェに入ればkariganeの佇まいを眺めながら朝食を取る

2. 訪日外国人の旅行消費単価を「上げる」

宿近くのカフェ

kariganeの朝食仕出し

ことができますし、焼きたてクロワッサンが食べられるパン屋もあります。kariganeで仕出しを頼めば、近隣の大徳寺門前町に店を構える朝ごはん専門店でつくられた朝食をいただくことも可能です。このように、kariganeの周辺の飲食店には宿泊客の消費が波及しているのです。

○宿泊施設は観光の情報発信拠点として
　もっと活かされるべき

　さて、訪日外国人観光客は日本での滞在中に観光情報をどこで入手しているかご存じですか。日本滞在中に役に立った旅行情報源で圧倒的に多いのが「スマートフォン」です。次いで2位が「観光案内所」、3位が「パソコン」となっていますが、「宿泊施設」も5位と上位に入っています（図表10）。中でも、訪日リピーターの多い台湾からの観光客や、長期滞在者の多いオーストラリアからの訪日観光客で「宿泊施設」を挙げる

図表10　日本滞在中に役に立った
　　　　旅行情報源（複数回答）

訪日外国人観光客		
①	スマートフォン	67%
②	観光案内所（空港除く）	20%
③	空港の観光案内所	18%
④	パソコン	18%
⑤	宿泊施設	16%

訪日台湾人観光客		
①	スマートフォン	66%
②	空港の観光案内所	24%
③	宿泊施設	22%
④	パソコン	21%
⑤	観光案内所（空港除く）	20%

訪日オーストラリア人観光客		
①	スマートフォン	68%
②	観光案内所（空港除く）	43%
③	宿泊施設	36%
④	空港の観光案内所	30%
⑤	パソコン	26%

資料：観光庁「訪日外国人消費動向調査」
　　　（2016年）

人が多いです。

　団体観光客は予め旅程が決まっているので、日本滞在中に旅行内容を決めることはまずありません。しかし、個人観光客は自由に旅行することができるため、旅行出発前にあらかた旅程を決める人もいれば、日本滞在中にそのときの気分で行き先を決める人もいます。後者の場合、宿の部屋で寛ぎながら「次の日はどこに行こう？　何をしよう？」と考えを巡らすケースが多いのではないでしょうか。このように考えると訪日外国人観光客が団体から個人へシフトする中、観光の情報発信拠点としての宿泊施設の重要性は今後ますます拡大することが予想されます。宿のスタッフ一押しの飲食店や小売店等を紹介すれば、周辺地域における宿泊客の消費単価の向上が期待できますし、また宿泊施設のサービスの差別化にもつながります。

　kariganeでも、宿泊客に対して周辺地域の観光情報の発信を積極的に行っています。まず、宿泊予約が入ると、京都の観光情報を事前にメールで送ります。この際、宿泊客の京都での滞在時期に合わせて、その期間中に楽

（左上）夕食マップ
（左下）生活用品店・土産店マップ
（右）メールでの周辺観光案内

しむことのできる旬の観光情報を盛り込むようにしています。

　宿泊客が宿に到着した際には、手作りの周辺マップを示しながら、莉香さんオススメの飲食店や小売店、観光スポット、銭湯などの情報を口頭で伝えます。各店舗の営業日と時間帯など重要な情報に加え、「ひとりでくつろぎたい場合は…」「地元の人とおしゃべりしたい場合は…」といったように宿泊客個々のニーズに配慮したきめ細やかな情報も提供しており、宿泊客に好評です。

○安売りせず、高品質を志向する客に喜ばれる宿を目指す

　前述のゲストハウス同様に、京町家を活用した一棟貸し宿の数も急速に増加しています。結果として価格競争が起き始めており、質を下げて低価格で提供する京町家の宿も出てきています。こうした環境において消費単価を維持・向上させるためには、品質面で差別化を図ることが大切です。

　原則として、京町家は旅館業法に定められている「簡易宿所」としての許可を得て運営されています（ただし、賃貸契約により京町家滞在を提供するケースもあります）。京都市内における簡易宿所の営業施設数は増加傾向にあり、2015年度にはおよそ700施設となりました。簡易宿所の中にはゲストハウスや有料での住宅宿泊（いわゆる「民泊」）も含まれており一概にはいえませんが、近年の京町家の活用の急増をうかがわせます。

　kariganeでは、真心のこもった手厚いおもてなしで差別化を図っています。現在は一棟の京町家を2人で運営しており、出迎えから宿の説明、部屋の清掃、寝具等の洗濯まですべての業務を2人で行っています。ビジネスとして考えるならば、新たなスタッフを雇用して複数の京町家宿を営む拡大路線も選択肢の一つですが、こうした方向に進むと経営者の思いを込めた手厚いおもてなしが難しくなってしまいます。安売りすることなく、適正な宿泊料金で一棟の京町家滞在を真心込めて提供していく。これが、2人の選択した京町家経営の方針です。京都を訪れる外国人観光客を中心に、長期滞在客や高品質を志向する客層に喜ばれる宿

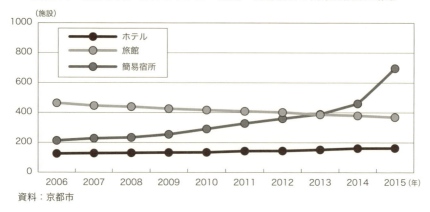

図表11　京都市内におけるホテル・旅館・簡易宿所の営業施設数の推移

資料：京都市

を目指しています。

○古民家の保全・活用には地方自治体等の支援が必要

　宿として活用されている京町家の数は増えていますが、土地や建物所有者の高齢化等を背景に京町家の建物の軒数は逆に減少しています。そこで、京都市では京町家の保全・再生を景観政策の柱の一つに掲げ、継続的に京町家の残存状況や空き家率等の実態把握を行うとともに、外観改修や耐震性向上などの支援策を講じています。

　2017年11月には「京都市京町家の保全及び継承に関する条例」を制定し、市や京町家所有者、管理者・使用者、その他事業者、市民、市民活動団体等様々な主体が果たすべき役割を定めるとともに、京町家保全・継承推進計画を策定することを規定しました。また、京町家の消失を着実に食い止めるため、2020年5月以降は京町家の解体に対して事前の届出を求めることとし、解体前に支援制度の情報提供や活用方法の提案、活用希望者とのマッチングなどの支援を行って保全・継承に繋げる仕組みをスタートさせます。重要な京町家に対しては手続き違反に罰則を科すこととしており、京町家の保全・活用に向けて強い姿勢でのぞんでいます。

　このように、古民家の保全・活用を円滑に進めるためには、地方自治

2. 訪日外国人の旅行消費単価を「上げる」

体等による積極的な支援が求められます。

○古民家の保全・活用には国も積極的に支援

　日本政府も、いわゆる「地方創生」を目指す動きの一環として古民家等の活用を積極的に支援し始めています。2017年1月、観光庁では「歴史的資源を活用した観光まちづくり」に関わる地域の相談窓口として「連携推進室」を設置するとともに、専用ウェブサイト[3]を設け、主に以下の内容の相談を受け付けています。

① 　まちづくり組織の組成

② 　まちづくり計画の策定

③ 　物件活用に向けた所有者との調整・交渉

④ 　物件活用事業者の募集とマッチング

⑤ 　物件の改修

⑥ 　事業の運営

　また、古民家など歴史的資源を活用した観光まちづくりに対する国の支援メニューとして、「地方創生推進交付金」「地域おこし協力隊クラウドファンディング官民連携事業」「農産漁村振興交付金」「空き家対策総合支援事業」などを用意しています。

　古民家を利用して宿泊施設等を営もうとする際に、クリアしなければならない大きな課題の一つが、消防法への適用です。古民家で宿泊施設を営む際には自動火災報知設備を設置しなければなりませんが、延べ面積300㎡未満の施設に対しては、設置が比較的容易な特定小規模施設用自動火災報知設備の利用を認めています。また、誘導灯に関しても、特例の適用要件に適合した場合には免除される場合があります。消防庁等では、こうした消防法への適切な対応方法や規制緩和策をわかりやすくとりまとめたパンフレット[4]を作成し、古民家を利用して宿泊施設や飲

3 　歴史的資源を活用した観光まちづくり（http://kominkasupport.jp/）
4 　消防庁等「古民家を利用して宿泊施設・飲食店・物販店を営まれる皆様へ　～ご存じですか？消防用設備等の設置基準」（2017年）

食店、物販店を営もうとする人々に向けて広く告知しています。

　このように、古民家の保全・活用は国も積極的に支援しています。古民家を活用した宿泊サービス業を促進しようとする地方自治体は、国の支援策を積極的に活用するとよいでしょう。

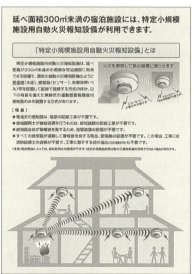

古民家を利用して宿泊施設等を営む人に向けたパンフレット（抜粋）

3. 域内調達率を「高める」

　経済効果向上のために、三つめのカギとなるのが域内調達率です。域内調達率とは、観光事業者が商品やサービスを生成する過程で、地域内から原材料や雇用者を調達する比率です。観光客が支払った金額のうち、経済効果として地域に落ちる割合を示したものでもあります。観光事業者の域内調達率が高ければ、外国人観光客が地域で支払った金額の多くが、その後、地域内で循環することになります。逆に域内調達率が低ければ、地域で支払った金額の多くが地域外に流出してしまうため、外国人旅行者を「増やす」、もしくは消費単価を「上げる」ための取り組みも、多くが水の泡となってしまいます。

　域内調達率を「高める」ための取り組みが、外国人旅行者を「増やす」、もしくは消費単価を「上げる」ための取り組みと異なるのは、取り組みの効果が、必ずしもターゲットとしている客層に依存しないという点です。例えば、お土産の原材料を域外産のものから域内産のものにシフトする取り組みの場合、購入者が外国人であろうと日本人であろうと、域内調達率の向上につながります。これは、日本人観光客を対象とした事例でも、インバウンド向けの取り組みに適用可能であることを意味します。そのため本節で紹介する事例は、必ずしもインバウンドを対象としたものばかりではありません。

　では、域内調達率を高めるための取り組みについて、三つの観点から事例の読み解き方を整理してみます。一つ目が地域から「何を」調達するか、二つ目がそのための取り組みを「誰が」担うか、そして三つ目が域内調達率を上げた結果として「どうなるのか」です。

　一つ目の、「何を」調達するかという観点からは、まず代表的なものとして「食材」とその食材を用いた「加工品」が挙げられます。「地産地消」という言葉が、概ね地域の食材やその加工品を対象としているように、宿泊施設や飲食店、お土産店など、多くの観光事業者にとって食

材とその加工品は、域内調達を高める上で最もターゲットにしやすい存在となります。また、観光地でツアーを企画する事業者にとっては、地域資源としての「人材」も活用の対象となります。更に、観光客が直接意識することのないバックヤードの部分にも視点を拡げてみると、人件費や光熱費などにも、域内調達率を高めるための工夫を施す余地が存在します。

　本節では、「何を」調達するかに着目して5つの事例を紹介します。視点5「地域の産品を活用する」では、旅館や飲食店で使用する食材（事例5-1）、道の駅で販売するお土産やテイクアウト商品（事例5-2）、宿泊施設で使用するエネルギー（事例5-3）を、視点6「地域の人材を活用する」では、宿泊施設で雇用する社員（事例5-4）、現地体験型ツアーで活用する地域の商店や飲食店（事例5-5）に着目します。

　二つ目の、取り組みを「誰が」担うかについては、「何を」調達するかによって異なります。域内調達率を高めるのは観光事業者自身ですが、それを促すためには、行政やNPOが取り組みの主体となることもあります。本節で紹介する5つの事例も、各主体による関与の仕方がそれぞれ異なり、域内調達率を高める取り組みを事業者自身が行うケースもあれば、行政が主導する、もしくは支援するケース、NPOなどの組織が事業者の間に入る、もしくは支援するケースなど様々です。ただし、いずれも、地域の資源を活用することで、地域に貢献したいと考える個人や組織が中心的な役割を担っています。こうした想いを持った主体が中心となり、「何を」調達するかに応じて効果的な取り組みを実施することが必要となります。

　そして最も重要となるのが、域内調達率を上げた結果として「どうなるのか」という三つ目の観点です。「どうなるのか」とは、経済効果の事ではなく、観光事業者にとっての結果です。事業者にとっては、地域の経済効果に寄与する取り組みが、自身の利益にもならなければ協力する理由がありません。わざわざ手間とコストをかけて域内から調達しなくとも、これまで通りの仕入れで十分に事業が成り立っているためです。

3. 域内調達率を「高める」

事業者にとっては、誘客や売り上げ増の効果、コスト削減など、目に見えるメリットを見出せることが、域内調達率を高める上での必要条件となります。一方で、事業者に対してメリットを提示できないケースも存在します。**事例5-3**では、宿泊施設で使用する燃料の一部を重油・ガスから地域産の木材へシフトした事例を紹介しますが、宿泊施設にとっては、現時点でコスト面の大きなメリットがあるとは言い難い状況です。その一方で、地域全体にとっては経済効果が見込めるため、こうしたケースでは行政に主導的な役割が求められることになります。

　観光事業者にとって、仕入れや雇用に関する部分は、外国人旅行者を「増やす」、もしくは消費単価を「上げる」ための取り組みに比べて、変えることが難しい領域であると言えます。しかし、インバウンド需要が好調な今だからこそ、事業者にとっても、こうした部分を変える動機と余裕が存在します。そのためまさに今、域内調達率を高めるチャンスがあると言えるのではないでしょうか。

◆ 93 ◆

第2章◆最新20事例に学ぶ！　経済効果向上へのカギ

視点5　地域の産品を活用する

事例5-1　宿と生産者をつなぐ

　宿に泊まる楽しみの一つは、なんと言っても、そこでしか食すことのできない地場の食材と料理ではないでしょうか。外国人観光客にとっても同様で、特にリピーターや、長期間にわたって国内を周遊する欧米からの観光客は、日本食という大きな括りの料理ではなく、それぞれの地域に根差した食材と料理を期待しています。そのようなニーズもあり、昨今、多くの宿において地場の食材と料理をアピールしています。

　しかしながら、地場の食材はスーパーに並ぶ商品とは異なり、どこでも簡単に手に入るわけではありません。地場の食材が欲しくても、情報がない、手に入らないといった問題を抱えているケースが存在します。また、地場の食材を使用することによる本当の価値を宿泊客に提供するには、食材そのものだけではなく、その背後にあるストーリーも含めて活用することが大切です。そのためには、「何を仕入れるか」という点だけではなく、「どこから仕入れるか」ということもポイントとなります。

　事例5-1ではそのような視点に立ち、宿と生産者をつなぐことで、地場の食材活用を促す役割を果たしている、福島県の事例を紹介します。

○「地域の八百屋」がつなぐ宿と農家
【特定非営利活動法人 素材広場（福島県会津若松市）】

○宿と生産者をつなぐ取り組み

　福島県会津若松市にオフィスを構える特定非営利活動法人 素材広場（以下、素材広場）は、福島県内の宿泊施設や飲食店と、農家などの生産者を会員に持ち、地場の食材などに関する情報提供やコンサルティングを行っている組織です。

　主な取り組みは、生産者から集めた食材に関する情報を宿泊施設や飲

◆ 94 ◆

3. 域内調達率を「高める」

食店に提供することです。旬野菜の出荷情報やお買い得情報がメインで、基本的に毎日メールで配信しています。常にフレッシュな情報を定期的に提供することで、宿泊施設や飲食店における、企画やメニューの開発につなげるのが狙いです。また、宿泊施設や飲食店側から、ニーズのある食材についての問い合わせを受け、生産者を探すこともあります。

会員の生産者は福島県内全域に広がっており、扱う商品も多岐にわたります。米や野菜、果物をはじめ、鶏肉や川魚、卵、牛乳などの生鮮食品、麺や漬物、ソーセージなどの加工品、日本酒やワインなどの酒類、更には漆器などといった食材以外の素材まで様々です。

一見、取り組み自体はシンプルですが、実は重要な役割を果たしています。市場に流通している福島県産の食材は、多くが県外に出回ってしまいます。例えば、野菜は約8割が県外に流通しており、良い食材ほど県内には残らない状況です。また、地域の伝統野菜や生産者がこだわりを持って作った食材は、量が少なく、市場に流通していないものも多いようです。そして宿泊施設や飲食店は、そのような地場の食材について、そもそも知る術がありません。宿泊施設や飲食店でこそ扱うべき地場の良い食材が、手に入りにくい構造となっています。素材広場では、生産者と独自のネットワークを築くことで、こうした既存の卸売業者では対応できない部分を担っています。また農家などの生産者にとっては、素材広場を通すことで宿泊施設や飲食店のニーズをダイレクトにつかむことができます。需要に応じて必要な作物を生産できるよう、農家を育てることにもつながっているようです。

宿泊施設や飲食店が地場の食材を仕入れたら、次はいかにその良さを伝えるか、ということが課題となります。地場の食材活用が宿泊客の評価や誘客に結

素材広場で扱う野菜の一例

◆ 95 ◆

びつかなければ、継続して使われることにはなりません。そこで重視しているのが食材と料理のストーリーです。その食材にはどんな歴史があるのか、誰がどんなこだわりを持って作ったものか、そして料理人がどういう思いを込めて料理に仕立てたのか、一品一品にストーリーが宿っています。そのストーリーに触れるかどうかによって、食べる側の感じる美味しさも異なってくるといいます。素材広場は生産者と直接やりとりをしているため、宿泊施設や飲食店に対し食材のストーリーも一緒に提供することが可能です。

　食材のストーリーを活用するために、最も効果的な取り組みが、料理人と共に生産現場を視察することだそうです。料理人が実際に畑へと足を運び、収穫前の食材を見ながら農家とディスカッションをします。料理人も農家もプロなので、食材に対する情熱に火が付く瞬間があり、そこで新しい企画が生まれ、食材の活用につながります。食材に対する料理人の愛着と情熱を引き出すことができれば、料理を考える際もより大切に扱うようになります。例えば簡単な添え物として扱っていたキュウリも、生産の現場に触れることで格が上がり、ひと手間かけた飾りとして見せるようになるなどの変化が起きるようです。こうして料理人が現場で仕入れた生の情報は、食材に対するストーリーとなって料理に反映されることとなります。

　このほか、新しく開発された食材の企画プロデュースなど、会員外の業者も含めたオープンな取り組みも行っています。例えば、JA会津よつばと共同で行った取り組みでは、新しく開発された「桜アスパラ」を広げるため、会津地域の宿泊施設や飲食店にて、期間・数量限定でメニュー化するフェアを行いました。こうした新しい食材は活用方法を

生産者視察の様子

研究しなければならないため、まずは実際に料理として使ってもらい、意見交換をすることが効果的だということです。

○地域の"八百屋"として

　このような取り組みができるのは、長年にわたって宿や生産者とのネットワークを築き上げてきたからです。素材広場理事長の横田氏は、2005年に「福島県宿泊施設地産地消推進委員会」を立ち上げ、まずは福島県内にどんな食材が眠っているのかについて調査をするところから始めました。地場の食材を発掘しながら、宿泊施設に対して活用方法の提案を行っていましたが、当時は「地産地消」が少しずつ意識され始めたばかりの時期で、断られることも多かったといいます。そういった宿泊施設は、地場の食材がたくさんあることや、その活用方法について、そもそも情報を持っていません。そこで、素材情報をカタログとしてまとめ、県内の宿泊施設200軒への無料配布を開始。年に3回ほど発行し、少しずつ宿泊施設へと素材情報を浸透させていきました。

　現在では地場の食材に対するニーズが高くあるものの、過去へと遡ると、カニやマグロ、和牛など、高級食材ばかりが好まれる時代がありました。これは流通の進化とも関係しています。日本全国どの地域であっても、市場を通せば高級食材が手に入るようになったため、宿も宿泊客もそれを求めるようになりました。しかしやがて、それがスーパーなどでも簡単に手に入るようになると、逆に、宿に対しては地場でしか味わえない食材や料理を求めるようになりました。にもかかわらず、多くの宿が頼っているのは市場を通した流通構造です。こうして、地場の食材がなかなか手に入らない状況が生まれるようになりました。

　横田氏は素材広場を「かつての八百屋のような役割ですね」と表現します。素材広場を通すと、先述したような素材のストーリーや、生産者からの生の情報を宿に伝えることができます。また農作物の場合、天候の状況によっては、必ずしも決めていた納期や量で納品できないことがあります。生産者からのこうした情報をダイレクトに伝えることができ

れば、宿の側からも納得が得られやすいようです。市場を通すと、こうした生産者からの情報はほとんどが途切れてしまいます。かつては、生産者への距離が近かった八百屋が、これに近い役割を果たしていたといいます。物流がまだ不便であった頃、かつての宿は地場の食材を多く扱っていたはずです。宿は農家を、農家は宿を、それぞれ頼りにしていた時代がありました。現在、宿も少しずつ、そうしたかつての宿を目指しつつあります。それを支えるべく、素材広場が地域の「八百屋」として機能しているのです。

○新聞配送網を活用した新たな取り組み

　一方で新しい取り組みにもチャレンジしています。素材広場では2017年8月より、地域の運送会社とともに、新聞輸送網を用いた野菜の配送システムを試験的に開始しました。一般的に、新聞社と配送会社の契約では新聞以外の荷物を配送できないことになっており、販売所に新聞を届けた後、帰路のトラックは空の状態となります。この、空の状態で戻る配送トラックを利用して、新鮮な野菜を宿泊施設や飲食店へ配送できないかと考えたのです。

　試験として始まったのは、南会津地方の特産品、南郷トマトの配送です。新聞の配送を終えたトラックは、そのまま選果場に寄ってトマトを積み、宿泊施設や飲食店などに配送します。南郷トマトは非常に味が良いため、多くが首都圏向けに出荷されてしまいます。加えて地域内では安価な配送方法がないために流通させるのが困難です。また市場を通すと2～3日かかってしまい、地元産でありながら採れたてのものを手に入れることができません。これに対し、新聞輸送網の配送トラックを利用することで、コストを抑えつつ、地域内への配送が可能となります。採れたての野菜が翌日の朝一番にはお店に届くよう配送することができるのです。まだ量は多くないものの、少しずつ拡げていく予定だといいます。

　地場の素材活用を考える際に最もネックになるのが配送費用の高さだそうです。その解決策となりうるこの取り組みは、地元食材の流通構造

3. 域内調達率を「高める」

を変える大きな可能性を秘めていると言えます。

○地域の代表としての宿

　横田氏は、宿こそが地域の代表であると考えています。地域の伝統や文化を残すためには、観光客を地域に呼び込み、そこにお金を落としてもらう必要があります。その中心となるのが宿なのです。そのためには、"地域らしさ"を語れるかどうかが大きなポイントとなります。今後も、地場の素材を通して、「その宿があるから地域を訪れたい」と思わせられるような魅力を、宿と一緒に作り上げていきたいと言います。

コラム3
地元素材を活用し会津らしさで魅了「東山温泉 庄助の宿 瀧の湯」

　会津若松市の中心部から車で10分程度、山あいの静かな温泉地に、「地産地消」と「会津らしさ」にこだわりを持っている宿があります。会津東山温泉「庄助の宿　瀧の湯」。その名の通り、東山温泉の中心を流れる湯川の、滝と渓流を望むお風呂が特徴の宿です。「庄助」とは、会津地域の民謡「会津磐梯山」で登場する「小原庄助」という人物のことで、「朝寝、朝酒、朝湯が大好きで、それで身上つぶした」と唄われるほど、大の酒好き、お風呂好きでした。そんな庄助さんが足繁く通っていたのが、この瀧の湯であると伝えられています。

　瀧の湯の売りの一つが、徹底した「会津らしさ」へのこだわりです。例えばチェックイン時は、歴史的にも会津地域にゆかりのある抹茶と、振る舞い酒として厳選した地

庄助の宿　瀧の湯

おふくろバイキング

酒を提供しています。客室では、建材やフローリングは地域産の木材、洗面器には会津焼きなどを使用。会津地域伝統の染型紙模様は、現代人のセンスにも通用するオシャレなデザインで、看板や浴衣など、館内の様々なところで使われています。こうした会津らしさは宿泊客にも伝わるよう、積極的に仲居さんから説明をしているようです。

　そしてなによりもこだわっているのが料理と食材。夕食はもちろんですが、朝のバイキングも「おふくろバイキング」と名付け、会津のお母さんたちが作っているような地元食材による料理を提供しています。ここでは地元産の新鮮な食材とともに、生産している農家のお母さん達を写真で紹介しています。この地産地消の朝食はなんと20年前から続けられているそうです。枝豆やごぼう、きゅうりなど、会津地方で長い間作り続けられてきた伝統野菜も積極的に活用しています。「料理はストーリーで美味しくなるし、記憶にも残る」と話すのは五代目湯守会長の齋藤氏。宿泊客に対しては、こうしたストーリーを分かってもらえるよう説明することが大切です。

　こうした地元食材の一部は、NPO法人素材広場を通して仕入れを行っています。農家と1対1で直接やりとりを行う方法もありますが、取引が長続きしない、確実に納品されない、等の課題があるようです。安定的に必要な食材の量を確保するうえで、素材広場を通すほうが信頼性は高いと言えます。また会津の伝統野菜は、農家にとって採算が取れないため、一時は生産が途絶えてしまったほど貴重な食材です。しかし現在、伝統野菜に対する宿側のニーズは十分にあるため、そのニーズをまとめることで、農家が安定的に生産できるような仕組みを構築できればと考えています。素材広場は、そうした取り組みの中心的な役割を担うことが期待されています。

3. 域内調達率を「高める」

　会津の食材をより活用しやすくするため、齋藤氏が次に必要だと考えているのが加工と貯蔵の進化だといいます。会津にはいい食材がたくさんあるものの、多くは生鮮食品です。そのため、例えば生産過多になったときの調整が効かない、使用する側にとっても時期が制限されている、等の課題があり、これを加工と貯蔵によって解決できないかと考えています。瀧の湯では、自家醸造の味噌と酒かす、吟醸酒でお肉を漬けた「庄助酒彩吟醸漬け」をオリジナル商品として開発・販売しています。こうした加工は野菜や魚にも応用できるため、瀧の湯の事例が一つのモデルとなることを期待しています。

　このように「会津らしさ」に対して強いこだわりを持っている瀧の湯ですが、客層のターゲットなどは特に定めていません。2016年度の外国人宿泊客数は、前年から500％増と大幅に増え、全体の1割弱を占めるようになりました。国籍は様々で、アジア系も欧米系もそれぞれ宿泊しています。おもてなしの内容も、日本人客と外国人客とで区別はせず、会津文化をいかに魅せるかという点だけを重視しています。結果的に、客室稼働率は常に高い状態を維持しており、これはむしろ客層の厚さが功を奏しているとみられます。「会津らしさ」という点に絞り、徹底して魅力を追求し続けてきた結果であると思われます。

第2章◆最新20事例に学ぶ！　経済効果向上へのカギ

事例5-2　商品開発を支援する

　観光客がお土産を購入する際に重視するのは、それが地域で生産されたものかどうか、という点ではないでしょうか。しかし、お土産屋で人気商品の産地を確認すると、実は遠く離れた地域で生産されたものが多いことに気づかされます。これでは、観光客がせっかくその地域を訪れたにもかかわらず、お土産の購入による経済効果が、他の地域に流出してしまっていることになります。一方、地域で生産された商品を購入しようとしても、なかなか欲しいものがないという現状も存在します。地域に存在する小規模な生産者にとって、売れる商品づくりが容易ではないことが原因としてあります。技術的な問題や商品開発に伴うリスク等々、様々な課題をクリアする必要があります。

　事例5-2ではこうした課題を解決すべく、地域の生産者に対して「売れる」商品づくりを支援することで人気商品を生み出し、自地域で生産された商品を多く取り揃えている道の駅の事例を紹介します。

○地域の拠点施設による商品開発支援【道の駅阿蘇（熊本県阿蘇市）】

○豊富な地域産商品

　熊本県阿蘇市の道の駅阿蘇は、阿蘇市から指定管理を受けた「NPO法人 ASO田園空間博物館」が運営する道の駅です。JR阿蘇駅を降りてすぐ目の前、阿蘇山へと通じる阿蘇登山道路と国道57号が交わる交通結節点に施設を構えています。世界ジオパークに指定された阿蘇山を始め、阿蘇神社、内牧温泉など、数々の観光資源が存在する阿蘇地域の拠点施設です。しかし同地域は、2016年4月の熊本地震により大きな被害を受け、震災後は道の駅阿蘇の利用者数も大幅に減少する事態となりました。取材を行った2017年10月時点では、震災直後に比べるとかなり回復しているようでしたが、施設前の国道57号線は全線復旧に至っておらず、また鉄道も一部区間で不通となっており、まだ完全回復とは

◆ 102 ◆

3. 域内調達率を「高める」

言えない状況です。

しかしながら施設内は活気に満ち溢れています。なんといっても、扱う商品の種類が豊富です。利用者の客層は多くが市外や県外からの観光客ですが、商品の種類は観光客向けに留まりません。屋内の販売スペースでは、おみやげ用の箱菓子を始

道の駅阿蘇

め、飲料や乳製品、酒、ウインナー、漬物、調味料などの加工品、お弁当やお惣菜、パンなどといったテイクアウト商品、そしてご当地キャラクター・くまもんグッズなどを取り揃えています。また、屋外のテントにも販売スペースがあり、地元農家から仕入れた新鮮な野菜やお米、花などが並んだ直売スペースと、ソフトクリームやホットコーヒーなどが販売されているテイクアウトコーナーがあります。

中でも特に目を引くのは、季節限定の品やオリジナル商品です。直売所では、春の山菜、夏のスイートコーン、秋の葡萄など、常に目玉となる旬の食材が並んでいます。テイクアウト商品も、春は「いちごミルクパフェ」、夏は「冷やしトマト」、冬は「甘酒」「栗白玉ぜんざい」などが季節限定で販売されています。阿蘇のブランド牛乳を使ったソフトクリームなどの定番商品は、いつ訪れても楽しむことができます。また、阿蘇の名産「あか牛」を使ったお弁当も人気商品で、「2種のあか牛丼」は道の駅定番メニューの一つです。近年はリピーターも増加しており、こうした新商品や季節限定商品が特に好まれています。

2種のあか牛丼

○売れる商品の開発を促す工夫

　これだけ種類豊富な商品ですが、売り上げのうち約85％は阿蘇市産、もしくは阿蘇市内で製造された商品で占められています。ASO田園空間博物館が指定管理を受けた当初（2012年）、売り上げに占める阿蘇市産商品の割合は60数％程度でした。ここから、阿蘇市産商品の販売スペースを少しずつ広げることで、徐々に扱いを増やしてきた経緯があります。その過程では、売れ行きの良い商品であるにもかかわらず、阿蘇市産ではないという理由で扱いをやめたものもあり、これは一時的に売り上げを減少させることにもつながりました。しかし逆に、地元産の商品を確実に扱う店としての特徴を出すことにもつながったため、長期的に見れば、売り上げの点でもむしろプラスに働いている面が大きいようです。

　このように道の駅阿蘇では、地元産の商品を扱うことが誘客と売り上げに対してポジティブな影響を及ぼしています。ただし、これは単に域内からの調達を増やすだけで達成できるものではありません。扱う商品は売れるもの、いいものであることが前提です。また、常に利用者の目を引く商品を取り揃えるためには、先述したような新商品や季節限定商品を出し続けることも必要となります。

　そのために、道の駅阿蘇では新商品開発支援などの生産者サポートを積極的に行っています。特に比較的小規模な生産者にとって、新たな商品開発やそのための研究を単独で行うことは困難であるため、何らかのサポートが必要不可欠です。また道の駅阿蘇の強みは販売店舗を持っている点にもあります。商品を生産するためのサポートのみならず、売るためのサポートも可能であるためです。以下、道の駅で行っている取り組みをいくつか紹介します。

〈出展者研究会〉

　2015年より開始した事業で、3社もしくは3人以上の出展者が集まって研究会を行うもの。この事業で道の駅に認可された研究会は、50万円程度の研究費サポートを受けることができます。

例えば、「米・食味88研究会」。コメ農家の集まりであり、米・食味鑑定士協会によるコンテストの全国大会に出ることを目標に設立されました。研究会サポートの成果もあり、2016年に同コンテストで見事金賞を受賞しています。金賞を受賞したコメは、道の駅阿蘇でも商品として並ぶことになりました。

「阿蘇産グリーンシナモン研究会」は農家と菓子店、パン屋によって設立されました。阿蘇地域では、シナモンの近縁種である日本肉桂が自生しており、その葉を粉砕することで、シナモンのような風味の緑色の香辛料になることが知られています。この「グリーンシナモン」を用いて新たな商品開発にチャレンジする研究会です。筆者が取材した時点では、

グリーンシナモンパフェ

菓子店が開発したグリーンシナモンパフェが試験的に販売されていました。またパン屋ではグリーンシナモンラスクも試作中です。研究会は商品開発だけが目標ではなく、長期的に売れるかどうかということを重視しています。今後数年間販売を続けてみて、収益が出るようになって初めて成功したことになります。道の駅は、新商品を試験販売しながら、売れる方法を研究できる場にもなっているのです。

他にもいくつかの研究会が存在するものの、当然すべてが成功するわけではありません。研究の過程で様々な課題が見つかったことで、商品開発を断念したケースもあります。しかし道の駅にとっては、数ある研究の中からほんの一握りでも、新たなヒット商品が生まれれば良いのです。また、地域の生産者にとっても、チャレンジできる場があることは非常に貴重なことです。研究資金は一部を道の駅が負担してくれる上、試験販売という実験の場まで用意されています。

〈新製品開発助成制度〉

　新製品開発助成制度は、1人の出展者に対して上限5万円の支援とコンサルティングを行うもの。金銭面での支援は、主に商品パッケージのデザインや製作などに使われます。コンサルティングでは、道の駅が持つ商品づくりや売り方のノウハウを出展者に対して無償で提供しています。従来の商品の悪い点を把握した上で、それをどのように改善して売れるようにするのか、生産者にも分かるようアドバイスを行っています。

　例えば、先述した「2種のあか牛丼」や、現在も人気商品である「馬まん」（馬肉の肉まん）は、道の駅のアドバイスを参考に開発された経緯があります。

木の実の阿蘇パネトーネ

　クルミやナッツ、かぼちゃの種などが入った、アーモンドクリーム味のパン「木の実の阿蘇パネトーネ」もその一つです。「パネトーネ」という商品は以前からも販売されていましたが、形状や原料についてアドバイスを行うことで「木の実の阿蘇パネトーネ」という新商品へとリニューアルしました。リニューアルにより、売り上げは明らかに伸びたといいます。ちなみに、助成の5万円はパッケージの印刷に使われています。

　新しい商品の開発や改善を行うことは、生産者にとってもリスクを伴います。その分、道の駅ではその商品が売れるようアドバイスを行うことで、小規模な生産者が一歩踏み出すのをサポートする役割を果たしています。

〈阿蘇プレミアムコーナー、特産品コンシェルジュ〉

　販売スペースの中でも特に目立っているのが「阿蘇プレミアムコー

3. 域内調達率を「高める」

ナー」の一角です。阿蘇産商品の中でも、第三者によるコンクール等で高い評価を受けた商品だけを取り揃えています。土日祝日や大型連休の時期は、ここに「特産品コンシェルジュ」を置いて、試食を提供しながら商品の説明を行っています。通常、店舗で試食販売

阿蘇プレミアムコーナー

などを行うスタッフは生産者側が手配するものですが、道の駅阿蘇の場合は道の駅側の職員がコンシェルジュを担っています。このコーナーに商品が置かれると、無料でPRを行ってもらえるということです。

　また、道の駅にバイヤーが訪れる際、まず注目されるのがこの「阿蘇プレミアムコーナー」の商品となるため、生産者にとっては販路拡大のチャンスが広がることになります。

　このように、「阿蘇プレミアムコーナー」に商品が置かれることで、生産者側は非常に大きな宣伝効果を得ることができます。当然、売り上げが伸びることにつながるため、より良い商品を開発するインセンティブになっています。

○地域に好循環を生む拠点施設

　ここまで、特産品の販売事業における取り組みを中心に見てきましたが、道の駅阿蘇の役割はこれだけではありません。地域の観光案内・情報発信施設としての役割はもちろん、特に力を入れているのが、阿蘇の地域づくりに関する取り組みです。

　この取り組みでは、道の駅阿蘇を「コア施設」、地域の観光スポットや文化資源を「サテライト」と位置づけ、「サテライト」を通して阿蘇ファンをつくる活動を展開しています。とはいえ、従来の観光振興策やプロ

モーションでは、ニーズが多様化した観光客の心を捉えることはできません。そこで、人々の「趣味」に着目し、的を絞った取り組みを展開しています。

　例えば、その一つが「サイクリング」です。阿蘇の雄大な自然は、サイクリストにとっては「聖地」と呼ばれるほど高い資源性を有しています。サイクリストのニーズに対応すべく、道の駅阿蘇では市内複数のサテライト等へ駐輪ラックを設置し、また、職員用駐車場をサイクリストが長時間利用できる駐車場として開放しています。また、道の駅や周辺施設、店舗などで利用できる特典クーポンをサイクリスト限定で発行。更には、阿蘇を満喫できるサイクリングツアーも企画しています。趣味でつながるネットワークは強く、こうした情報は口コミで拡がっていくため、大々的な広報も必要ないようです。

　このように的を絞ることで、刺さる人には確実に刺さる魅力を訴求しています。すぐに大きな成果が得られる取り組みではありませんが、一つひとつの小さな矢をたくさん射ることで、少しずつでも確実に阿蘇ファンを増やしていく予定です。

　この他、サテライトの整備や清掃といった地域活動の支援、火山コンシェルジュによる阿蘇山のPR、サテライトと地域のお店や商品を紹介するフリーペーパーの発行、ウェブ上での情報発信などを行っています。

　これらの取り組みは、道の駅での販売収益が原資となっています。そのため観光客が道の駅で落としたお金が、しっかりと地域に還元される仕組みが構築されています。そして、そうした取り組みを通じて「阿蘇ファン」を増やすことが、更なる観光客の誘客につながり、巡りめぐって道の駅への来訪へとつながっています。道の駅阿蘇は、観光を通じた地域の好循環を生み出す中心的な役割を果たしていると言えます。

コラム4 地域伝統野菜の上手な使い方「阿蘇タカナード」

道の駅阿蘇でも販売されている人気商品「阿蘇タカナード」は、阿蘇地域の伝統野菜「阿蘇高菜」の種を原料に開発されたマスタードです。マスタードといっても辛さは控えめ。酸味とのバランスがちょうど良く、醤油との相性も良いため和食にもマッチする味が特徴です。原料

阿蘇タカナード

へのこだわりは強く、阿蘇産阿蘇高菜の種に加えて、伝統製法で作られた米酢、天草産の釜焚き塩を使用し、手作りで製造しています。そのため、一般的なマスタードに比べると価格は少し高め。阿蘇の特産品として、食材にこだわりのある女性を主なターゲットとしています。

2016年10月から本格的な製造、販売を開始したところ、一気に注目を浴びるようになりました。女性誌による取材のほか、熊本県農産加工品コンクールでの金賞、優良ふるさと食品中央コンクールの新商品開発部門では農林水産大臣賞を受賞しています。道の駅阿蘇の「阿蘇プレミアムコーナー」にも置かれるようになりました。

製造しているのは阿蘇さとう農園。代表の佐藤氏は阿蘇市出身で、高校卒業後から地元を離れていましたが、2012年にUターンをして就農。当初は昔ながらの特産品である阿蘇高菜の漬物を作っていました。しかし漬物は高付加価値化が難しく、なかなか収益を出すことができません。漬物業者の仕入れ価格も低いため、高菜はあまり収益を生まない作物になっていました。更に農家はほとんどが高齢で、後継者問題も深刻です。このままでは阿蘇高菜が途絶えてしまうという危機感を抱き、新たな価値を生む商品づくりを模索していました。そこで目を付けたのが「種」だったのです。

阿蘇タカナードの原料となる種は当初、佐藤氏自身が栽培しているものを使用していましたが、少しずつ地域の農家にも声をかけ、外からの仕入れを増やしていきました。取材を行った2017年10月時点では、20

第2章◆最新20事例に学ぶ！　経済効果向上へのカギ

〜30軒程の農家から仕入れを行っているようです。こうして少しずつ、阿蘇高菜を生産する農家が増えつつあり、耕作放棄地や担い手不足の解消へも貢献しています。

　商品開発の段階では数々のサポートを受けています。県の6次産業化支援や商工会の補助金などに加え、特に重要だったのが試験販売であったといいます。試験販売の段階では、阿蘇市内でハムやソーセージの加工・販売を行うひばり工房が販売元を引き受けていました。ひばり工房のソーセージと一緒に道の駅阿蘇での試験販売を行い、売れる見込みがあると判断したため本格製造を決意することができたそうです。商品を開発しても本当に売れるかどうかは分かりません。その中で、個人としてリスクを負いながら生産のための投資をすることは困難です。小規模な生産者にとって、試験販売ができる場と機会は非常に重要です。

　阿蘇高菜は古くからの伝統野菜ですが、栽培自体はそこまで難しくないようです。ほとんど、蒔けば勝手に育つようなレベルだといいます。また肥料や農薬も必要ありません。収穫に関しては短期間かつ手作業で行う必要があるため大変な作業ですが、栽培にはあまり手間も費用もかかりません。専業農家は主力作物の間に、兼業農家は土日に、片手間で栽培することが可能です。これも、伝統作物ならではの利点であろうと考えられます。その土地で長い間、栽培と種取りを繰り返してきた作物なので、阿蘇の気候や土壌にマッチしているのです。

　今後は、阿蘇高菜を中心に一つのギフトセットを作りたいといいます。高菜の種からは、マスタードオイルという風味ある油が、また菜の花からは蜂蜜をとることも可能です。そしてそれらを利用したドレッシングなど、加工品を作ることもできます。その土地に適している伝統作物だからこそ、その価値を最大限に引き出すことができるのかもしれません。阿蘇の地域に合っていて作りやすく、そこでしかできないもの。阿蘇の宝として、阿蘇高菜という伝統野菜をすべて使い尽くす方法を見つけたいといいます。

3. 域内調達率を「高める」

事例5−3　活用する資源を広げる

　域内調達率について考えるとき、まずイメージするのが地域の食材などといった「もの」と、雇用などに関わる「人」ではないでしょうか。しかし観光事業者が調達しているものはこれだけではありません。地域に存在する資源を上手く活用することで、目立たないながらも域内調達が可能であり、かつ効果も見込める領域が存在します。

　例えばエネルギーがその一つです。宿泊施設で考えると、暖房やお湯の加温に使用する熱は、主に海外から調達する重油やガスで賄っています。また電気も、域外の電力会社が、域外産の燃料を用いて、域外で発電したものがほとんどであると思われます。実はこれらも、地域に眠っている資源を見直し、エネルギーとして活用の幅を広げることで、完全ではないながらも、ある程度代替できる可能性があります。

　近年、日本各地でこうしたエネルギー活用の取り組みが進んでいるものの、現段階ではまだまだ課題も多くみられます。また、観光に係る行政部署や業者だけでは仕組みの構築ができないため、観光以外の業界も巻き込みながら進める、規模の大きなプロジェクトとなります。しかしだからこそ、地域におけるお金の循環を変える可能性を秘めていると言えます。

　事例5−3では、森林資源を温浴施設におけるエネルギーとして活用している徳島県三好市の取り組みと、全国で進んでいる同様の事例について紹介します。

○活用する地域資源の拡大【薪ボイラー導入プロジェクト（徳島県三好市）】

○森林資源を温浴施設のエネルギーとして活用

　大歩危峡などの渓谷をはじめ、古民家集落や温泉など、観光資源が多数存在している徳島県三好市。**事例2−2**でも紹介されているように、近年は特に香港や台湾からの個人客が増加しており、地方の山奥という

◆ 111 ◆

不利な条件でありながら、インバウンド誘客に成功している数少ない地域の一つです。この地域で2011（平成23）年から始まったのが、市所有温浴施設への薪ボイラー導入プロジェクト。市が所有している温浴施設は5件で、うち宿泊施設が3件（サンリバー大歩危、ホテル秘境の湯、いやしの温泉郷）、日帰り入浴施設が2件（松尾川温泉、紅葉温泉）です。運営はすべて指定管理により別々の民間企業が担っています。これらの施設に薪ボイラーを導入し、地域の森林資源による薪をお湯の加温に利用しています。これにより、これまで重油やガスに支払っていたお金が地域の薪に支払われることになり、域内調達率を高めることができます。

　三好市では2009（平成21）年に「三好市バイオマス構想」を策定し、森林資源や家畜排せつ物、菜の花など、地域産バイオマス資源の利活用を積極的に進める方針を打ち出しました。三好市は市域の約90％が森林であり、戦後になって植林した人工林が現在でも多く存在しています。そのため、特に森林資源の利活用が、三好市にとっては大きな課題となっていました。そこで森林資源のうち、木材としての活用が難しい間伐材や、曲がってしまっている低質材については、温浴施設における燃料として利用することで価値を高めていくことが考案されました。その後、2012（平成24）年に木質バイオマスボイラー導入を検討するための調査が行われ、翌2013（平成25）年に温浴施設1施設への試験導入、そして翌2014（平成26）年に他の4施設へも本格導入されました。いずれも、国・県の補助金（森林整備加速化・林業飛躍事業）を活用しています。

　地域産エネルギーを活用する場合、まずは燃料の供給体制を確立しなければなりません。三好市は豊富な森林資源を有しているため木材が不足する等の問

薪ボイラーの煙突（祖谷渓温泉　ホテル秘境の湯）

3. 域内調達率を「高める」

題はないようですが、燃料の製造過程においては、事業として成り立つ仕組みと、施設への安定供給が可能となる体制を整える必要があります。木材を燃料として活用する場合、燃料の形態は主に薪、ペレット、おがくずの三つが考えられますが、三好市の場合は、市内に存在する設備の状況から、製造が容易である薪を選定しています。薪の製造方法はシンプルであり、切って乾燥させるだけです。しっかり乾燥させなければ燃焼効率が悪くなるため乾燥に時間をかける必要はあるようですが、大きな設備投資をすることなく供給体制を整えることができます。

　薪の供給は、木材パネル製造を主な事業としている第三セクター、株式会社山城もくもく（以下、「山城もくもく」）が多くを担っています。安定供給を可能とするために、薪ボイラー導入施設には、燃料として利用する薪のうち最低でも70％を山城もくもくから仕入れる取決めとしています（5施設のうち山城もくもくからは離れた位置にある1施設については独自に仕入れています）。実際には、全体で80〜90％程度の薪を山城もくもくが供給しており、残り10〜20％が地域住民等の提供によるものです。地域住民から仕入れる場合、施設によっては温泉券で支払う等の工夫も行っているようです。薪の単価は、供給業者の採算がとれ、かつ仕入れる温浴施設側もコストダウンのメリットが受けられるギリギリの価格で設定しています。そのため全国的にみると、安いと言える価格設定ではないようです。当然ながら、薪ボイラーを使用する業者側からすると薪の価格は低いほうが良いものの、運搬にかかる費用や安定供給の確保、域外業者から仕入れるために発生する手間などを考えると、域内の業者から仕入れるメリットは小さくないと言えます。

　各施設の薪ボイラーは、既存の設備（重油／ガスボイラー）に併設する形で導入されました。温浴施設の熱需要は、お湯入れ替えのタイミングや、利用者数に応じて変動します。対して、薪ボイラーは一定の出力で運用することを想定しており、急な出力の変動まではカバーできません。そのため、季節や時間帯によって需要の多いタイミングだけ、既存

◆113◆

図表12　熱需要のイメージ（例）

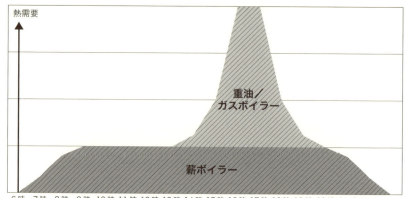

　の重油／ガスボイラーで補う必要があります。必要な熱量のうち、変動しないベース部分を薪ボイラーが担い、変動する部分だけ重油／ガスボイラーがカバーしているイメージです。

　薪ボイラーの運用はシンプルです。適切なタイミングで適切な量の薪を投入し、必要に応じて灰を掻き出すのみ。とはいえ、タイミングや量についてはコツが要るようで、施設によっては、薪ボイラーの運転管理専属のスタッフを置いているようです。薪ボイラー自体も非常にシンプルな作りをしているため、大きな故障はほとんどないようですが、熱交換器等、周辺設備の状態は熱効率に大きく影響するため定期的な点検が必要となります。こういった情報も、導入してから数年間の運転を経て徐々に積み重ねてきたものであり、市と施設側との間で共有されています。

　それでは、薪ボイラー導入による効果について見ていきます。まず、薪ボイラー導入施設の総燃料費は、薪ボイラー導入前の2013（平成25）年度が4,100万円（重油＋ガス）であったのに対し、2016（平成28）年度は3,770万円（重油＋ガス＋薪）へと下がっています。しかし、これは熱需要と燃料価格の変動があることから単純な比較はできません。設備導入前の2013年度から2016年度にかけて、薪ボイラー導

3. 域内調達率を「高める」

入施設の総宿泊者数は1.9万人から3.4万人へと大きく増加しています。先述した通り、これはインバウンド客の増加によるものです。このため熱需要は増加しており、その分の、薪ボイラーでは賄いきれない熱については、重油／ガスボイラーでカバーしていることになります。その燃料価格ですが、2013年から2016年にかけて、原油、天然ガス価格はともに低下しています。このように、いくつかの要因が重なったことでトータルの燃料費としては下がっていますが、重油／ガスボイラーのみを使用していた場合と比較した際のコストについては、はっきりしたことが言えない状況にあります（ただし薪ボイラー導入前のシミュレーションでは、導入によって燃料費が下がる試算となっています）。

　一方、地域への経済的な効果ははっきりしています。2016年度の総燃料費3,770万円のうち、薪の購入費が700万円となっています。割合にすると2割程度ですが、薪ボイラー導入前と比較して、これまで域外に流出していた燃料費の約2割が地域へと落ちるようになったことを意味します。現状、熱需要が大きく増えたことで、燃料費に占める重油／ガスの割合が高くなっていますが、薪ボイラーを増設して出力を上げることができれば、地域への経済効果を高める余地はまだあると考えられます。

　そのためには、熱需要の変動をいかに小さくするかが課題となります。一般的に、インバウンド客の増加によって需要の平準化が期待できると言われています。大歩危・祖谷地域における日本人客のオフシーズンは冬ですが、インバウンド客は冬でも来訪する傾向にあり、季節による需要の変動を小さくする効果が期待できます。また、薪は切って乾燥させるだけなので、地域住民でも容易に製造することが可能です。地域住民が気軽に薪を提供できる体制を整えることができれば、燃料コストを下げることができます。更に、薪の供給業者が大量生産によるコストダウンを図れるよう、他の用途で薪の需要を増やす努力も必要となります。

　以上のように、薪ボイラー導入によって、事業者側がどの程度のコスト的なメリットを受けているかについては、はっきり示せない状況にあ

◆ 115 ◆

ります（ただし、重油やガスと比較して価格の変動が小さく、安定した供給を受けられるメリットはあります）。ただし、一方で大きなデメリットがないということもはっきりしています。そのため事業者側から見た場合、コストの面から積極的に薪ボイラーを導入しようという動機にまでは至らないものの、導入をすれば特に問題なく運用することができる、という現状にあると言えます。一方、地域全体で見た場合のメリットは、これまで域外に支払っていた燃料費の一部が、確実に地域へと落ちるようになったことです。それも、これまであまり活用されてこなかった地域資源を用いることにつながっています。

　課題は、いかにして燃料費に占める薪の割合を高めていくかにあります。熱需要のうち、変動しないベース部分が大きくなれば、薪ボイラーを増設する余地もできます。そのためには需要の平準化が必要であり、インバウンド客の増加は、季節変動の平準化を通して間接的に、域内調達率向上に寄与する可能性があると言えます。

〈地域資源をエネルギーとして利用している事例一覧〉

　エネルギーの域内調達を考えるとき、三好市の場合は「薪」の「熱利用」が最適解でしたが、地域によって最適な資源と利用方法は異なります。**図表13**は、地域資源をエネルギーとして活用している宿泊施設の一覧です。利用しているエネルギーは多くが木質バイオマスですが、燃料の形態は薪、チップ、木質ペレットと様々です。保有している資源や燃料の供給体制など、地域の実情に応じて最適な燃料を選択していると思われます。また木質バイオマス以外にもユニークな取り組みが行われており、例えば、北海道南幌町の「なんぽろ温泉ハート＆ハート」では、稲刈り後の稲わらを燃料とするボイラーを使用しています。

3. 域内調達率を「高める」

図表13　地域資源をエネルギーとして活用している宿泊施設一覧

名称	所在地	利用エネルギー	
ホテルめぐま	北海道稚内市	木質バイオマス	チップボイラー
芦別温泉スターライトホテル	北海道芦別市	木質バイオマス	チップボイラー
なんぽろ温泉ハート&ハート	北海道南幌町	木質バイオマス	木質ペレットボイラー
		農業系バイオマス	稲わらペレットボイラー
サンフラワーパーク北竜温泉	北海道雨竜郡北竜町	温泉熱利用	
		ヒートポンプ	
かなやま湖 ログホテル ラーチ	北海道南富良野町	木質バイオマス	チップボイラー
五味温泉	北海道上川郡下川町	木質バイオマス	チップボイラー
あいべつ協和温泉	北海道愛別町	木質バイオマス	チップボイラー
ユートランド姫神	岩手県盛岡市	木質バイオマス	チップボイラー
		太陽光発電	
たかむろ水光園	岩手県遠野市	木質バイオマス	チップボイラー
		太陽熱利用	
大館市ベニヤマ自然パーク 比内ベニヤマ荘	秋田県大館市	木質バイオマス	チップボイラー
ニューグランドホテル	山形県新庄市	木質バイオマス	チップボイラー
月の沢温泉　北月山荘	山形県庄内町	木質バイオマス	木質ペレットボイラー
ホットハウスカムロ／ホテル シェーネスハイム金山	山形県最上郡金山町	木質バイオマス	チップボイラー
まむろ川温泉　梅里苑	山形県真室川町	木質バイオマス	チップボイラー
やくらい薬師の湯	宮城県加美町	木質バイオマス	チップボイラー
ほてる大橋 館の湯	新潟県新潟市	木質バイオマス	木質ペレットボイラー
じょんのび村　楽寿の湯	新潟県柏崎市	木質バイオマス	木質ペレットボイラー
焼山温泉清風館	新潟県糸魚川市	木質バイオマス	木質ペレットボイラー
畑野温泉松泉閣／ロハスの 館こがね荘	新潟県佐渡市	木質バイオマス	チップボイラー
菱野温泉 常盤館	長野県小諸市	木質バイオマス	薪ボイラー
		太陽光	
七味温泉ホテル渓山亭	長野県上高井郡高山町	温泉熱利用	
		ヒートポンプ	
カミツレの宿　八寿恵荘	長野県北安曇郡池田町	木質バイオマス	チップボイラー
小渋温泉 赤石荘	長野県下伊那郡大鹿村	木質バイオマス	チップボイラー
		太陽熱	
飛騨亭花扇	岐阜県高山市	木質バイオマス	木質ペレットボイラー
高山グリーンホテル	岐阜県高山市	木質バイオマス	木質ペレットボイラー

◆ 117 ◆

第2章◆最新20事例に学ぶ！　経済効果向上へのカギ

名称	所在地	利用エネルギー	
宇川温泉「よし野の里」	京都府京丹後市	木質バイオマス	チップボイラー
シルク温泉やまびこ	兵庫県豊岡市	木質バイオマス	木質ペレットボイラー
生谷温泉　伊沢の里	兵庫県宍粟市	木質バイオマス	木質ペレットボイラー
いこいの村ひろしま	広島県安芸太田町	木質バイオマス	チップボイラー
出雲須佐温泉ゆかり館	島根県出雲市	木質バイオマス	チップボイラー
枕水	山口県長門市	木質バイオマス	木質ペレットボイラー
山村別館	山口県長門市	木質バイオマス	木質ペレットボイラー
松尾川温泉	徳島県三好市	木質バイオマス	薪ボイラー
大歩危温泉 サンリバー大歩危	徳島県三好市	木質バイオマス	薪ボイラー
小テル秘境の湯	徳島県三好市	木質バイオマス	薪ボイラー
祖谷の温泉　いやしの温泉郷	徳島県三好市	木質バイオマス	薪ボイラー
月ヶ谷温泉 月の宿	徳島県上勝町	木質バイオマス	チップボイラー

出典：「地エネの湯」Webサイト　http://local-energy.sakura.ne.jp/

3. 域内調達率を「高める」

> **視点6** 地域の人材を活用する

事例6-1　雇用を安定化させる

　地域の人材活用という視点からまず着目するのが、観光事業者によって雇用されている社員です。外国人観光客が地域で支払った金額の一部は、賃金という形で社員に支払われます。域内調達率向上の観点からは、支払われた賃金がその後どこへ向かうか、という点が重要です。従業員が正社員であれば基本的に地域内に居住しているため、社員に支払われた賃金の一部は、買い物や飲食、生活サービスなどの形で地域に落ちていると考えられます。しかし、派遣社員や短期アルバイト等で雇用している場合、必ずしも地域内に居住しているとは限りません。地域への経済効果という観点からは、社員が地域に定着するよう、雇用の安定化を図ることが効果的です。一方、人手不足に悩む宿泊施設にとっても、雇用の安定化は採用や人材育成コスト削減の点でメリットがあるため、そのための様々な取り組みが進められています。

　事例6-1では、社員の定着を図るための待遇改善や福利厚生の充実、人材育成に力を入れている宿泊施設の事例を紹介します。

○旅館業における地域人材の育成と定着
【湖楽おんやど 富士吟景（山梨県富士河口湖町）】[1]

　富士山を望む河口湖畔の宿「湖楽おんやど　富士吟景」（以下「富士吟景」）では、近年、台湾からのFITを中心に訪日外国人旅行者が急増しています。正社員35名はほとんどが地元採用で、客室数に対する社員数は多い方ですが、好調なインバウンド需要も影響し人手不足が課題となっています。女将の外川由理氏は「人手不足でも派遣社員は採用し

1　出典：観光文化233号，公益財団法人日本交通公社（2017）

◆119◆

ません。同じ目標を持って頑張ってくれた社員が築き上げた今の組織の形が崩れてしまう可能性があるからです。人手を増やすのではなく、今いる社員のモチベーションや生産性を上げ、その分、今いる社員に還元したいと思っています」と言います。

外川氏が富士吟景に嫁いだ17年前から、夫である現社長とともに宿の運営を任されてきました。当初は離職率も高く、人材育成にしっかりと取り組んでいるとは言い難い状況でしたが「このままでは今の雇用を守ることはできない」と感じ、2011年より人材定着のための様々な取り組みを進めています。

一つ目は仕事への「やりがい」の醸成です。富士吟景では、月に1度の会議でお客様アンケートの結果を社員全員で共有し、改善すべき点がある場合には会議の場で、「誰が」「いつまでに」改善するかを明確にすることで、各自に責任感が生まれるようになりました。また、接客対応は基本的に現場のスタッフに判断を任せています。当初は出張中の女将に、判断を求める電話がかかってくることもありましたが、現在はほぼありません。社員一人ひとりが考えて行動することが実行され、能力が向上した結果と言えます。

自ら考えるという姿勢は今後の宿のあり方にも及びます。5年後、10年後にどんな宿にしたいか、どう変えていきたいかということを社員一人ひとりが考え、業務中の会議等はもちろんのこと、業務時間外の食事会や職場旅行等のコミュニケーションも通じて、社長以下全員で共有し、共に富士吟景の未来を考えています。

二つ目は、働く人の満足度（Employee Satisfaction: ES）の観点からは、働きやすい環境づくりも必要となります。外川氏の前職である労務管理の経験も活かして、様々な制度を見直しました。午後半休と午前半休を組み合わせて丸一日の年休としてカウントする「たすきがけ」といわれる旅館業特有の年休を廃止しました。その代わり、子供を持つ女性社員が多いため、複数の勤務シフトの導入や、子供の学校行事の際は必ず年休を取得させる等、ライフステージに合わせて働くことができる

3. 域内調達率を「高める」

よう環境を整備しました。
　これらに加え、生産性を向上するためにマルチタスク化を導入しています。フロントが忙しい時間帯とお客様対応で忙しい時間帯は異なり、状況に合わせて必要な人数を配置することが求められます。そのためには、担当性ではなく、一人ひとりが複数の役割を果たせることが重

社内勉強会の様子
資料：湖楽おんやど富士吟景　若女将のつぶやき

要です。また、各担当部署の仕事を主と補の2名体制で行うことで、突発的に何か起きても安定して対応できるようになり、「個人」ではなく「組織」で対応することによって生産性が向上しました。
　外川氏は「人材育成への投資や社員とのコミュニケーションの機会（食事会や職場旅行等）やそれに係る費用は他の旅館に比べて多いと思います。まだまだ課題も多い。でも以前のように資金繰りに苦労したり、社員が突然辞めることはなくなりました。これは今までの取り組みの成果でもあります。こういうビジネスモデルも"あり"だと思っています」と言います。
　経費削減に最も効果があると言われる人件費をカットする企業が多い中、富士吟景の取組は一見遠回りにも見えます。しかし、あえて遠回りをすることによって、人材の定着が図られ、採用コストや人材育成コストの削減、生産性向上につなげている事例であると言えます。
　長期にわたって同じ社員に働いてもらうことは、社員が地域に定着することを意味し、人件費を通じた地域への経済効果に寄与します。そのためには正規の雇用を増やすことが最も効果的です。加えて、正規雇用の社員に長く働いてもらうためには、待遇の改善と福利厚生の充実が必要となります。特に休日制度を改善する宿泊施設が増えており、待遇改善の効果が大きいものとみられます。出産や子育てを機に退職する社員

第2章◆最新20事例に学ぶ！　経済効果向上へのカギ

を減らすために、柔軟な勤務シフトの導入や、保育所の整備を進める宿泊施設もあります。

　しかし当然ながら、これらの取り組みにはすべてコストが伴います。それを補うだけのメリットがなければ、コストをかけることはできません。ポイントは、これらの取り組みを通じて社員のモチベーションをアップさせ、宿泊施設の売り上げ増につなげることで、更なる待遇改善を施すという、好循環を生み出せるかどうかにあります。雇用の安定化、待遇改善、福利厚生の充実に加えて、売り上げ増を図るための社員教育やモチベーションを高めるための工夫、生産性の向上など、様々な施策をセットで実施する必要があります。

◆　122　◆

3. 域内調達率を「高める」

コラム5
子育て世代が働きやすい環境づくり

　宿泊施設で働く社員が退職するきっかけとなるのが出産や子育てです。特に女性社員が戦力となっている宿泊業では、出産や子育てと両立できる環境づくりが、社員の定着に対して大きく影響します。

　石和温泉のホテル慶山では、学習塾やスポーツクラブなどの業者と提携し、企業主導型保育園として保育園との法人契約を結びました。企業主導型保育園は企業が主導で開設する非認可の保育園で、定員のうち企業枠分は、優先的に提携企業の社員が利用できるものです[1]。

　北海道のホテル大手、鶴雅グループでは子育て世代が働きやすい環境づくりに力を入れています。例えば、5つの温泉旅館とロッジが立地している阿寒湖周辺では、国立公園に指定されているため個人による住宅の売買・賃借が容易ではありません。そのため、家族でも居住できる十分な広さの寮が確保されています。また、内閣府の子育て支援制度を活用し、小さな子供を持つ社員向けの保育所を開設しました。保育所は、同グループ社員だけではなく、地域で働く一般人も利用することができます。更に家族手当として、高校・大学の教育費を支援する制度もあります[2]。

　有馬温泉の御所坊グループは、子育て世代に合わせて柔軟な対応をしています。例えば小さな子供を持つ社員がいる場合、子供の面倒を見ながらでも働くことができるよう、子供を寝かせるための部屋を用意しました。そこに無線機を置くことで、お母さん社員は子供が泣いていないかどうか、様子を確認しながら働くことができます。また、複数のお母さん社員に短時間ずつ働いてもらうことで、子育てと両立できるシフト制度を構築しました。このお母さん部隊は、親しみを込めて「ピンクさん」と呼ばれているそうです[2]。

　このように、子供を預けられる環境の整備や勤務シフトの見直しを行う宿泊施設が増えており、出産・子育て世代も働きやすい環境づくりを通して、社員の定着に寄与しているようです。

1　出典：産経ニュース「石和に『企業主導型』保育園　県内初、旅館や塾など3社法人契約」
2　出典：観光文化230号，公益財団法人日本交通公社（2016）

事例6-2　体験型消費を促す

　旅先でその地域のことを深く知るためには、観光的な要素だけではなく、地域住民の生活にも触れてみる必要があります。日本を訪れる外国人観光客の中にも、日本人の生活に触れてみたいというニーズがあり、それを目的とした現地ツアーや体験アクティビティなどが好まれています。外国人観光客が望んでいるものと地域で提供できる魅力とが交わる点を見つけ、地域の商店や飲食店との接点を増やすことで、インバウンドによる経済効果を地域に拡げることが可能となります。

　事例6-2ではそのような観点から、地域住民の生活に触れる体験型ツアーを通して、地域の経済効果に貢献している長野県の旅館を紹介します。

○地域の生活体験プログラムを通じた地場産業への波及
【ずくだしエコツアー（長野県千曲市）】

○米国出身の旅館主人

　長野県千曲市、戸倉上山田温泉の「亀清旅館」は、米国出身のタイラー・リンチ氏と若女将である日本人の奥様が中心となって営む温泉旅館です。タイラー氏はもともと、日本で出会った奥様と米国のシアトルで暮らしており、現地の貿易会社に勤めていました。亀清旅館は奥様の実家で、タイラー氏は100年以上の歴史ある建物に大きな価値を感じていましたが、2005年には後継者不足のため廃業の危機を迎えます。タイラー氏は、旅館を残したいという想いで後を継ぐ決意をし、それから10年以上奥様とともに旅館を切り盛りしています。

タイラー・リンチ氏と亀清旅館

3. 域内調達率を「高める」

　宿泊客の約15％が外国人観光客です。米国やオーストラリアなど、英語圏からの旅行客が比較的多いようですが、アジアや欧州からも訪れています。日本の文化を体験したいという目的で訪れる方が多く、和風の客室と温泉、料理、そして温かいおもてなしのすべてが彼らに

手作りの「百年風呂」

とってエキサイティングな体験となっているようです。

　旅館には、タイラー氏によるおもてなしの工夫がたくさん詰まっています。コンクリート塀を竹垣に替え、1階の客室にはそれぞれ特徴的な坪庭を作りました。新設した露天風呂もタイラー氏による手作りです。先人が100年前に源泉を掘ってくれたおかげで現在の旅館があり、更に100年先にも残していきたいという願いを込め、「百年風呂」と名付けました。アメリカ風のおもてなしも追加されており、部屋に出されるお茶菓子は、タイラー氏お手製のクッキーです。少しでも手作りのものを提供することで、おもてなしの気持ちを伝えたいと言います。また、筆者が伺った時期はクリスマスが近かったこともあり、ロビーではストーブに薪が焚かれ、大きなクリスマスツリーが飾られていました。和風旅館の雰囲気に不思議と溶け込んでいて、あたたかい空気を醸し出しています。

　タイラー氏は、「友達が訪れた時に喜ぶようなサービス」を心掛けているそうです。例えば、オーストラリアから訪れた親子の宿泊客には、雪がちらついていた日の朝、雪見の露天風呂を

ロビーのクリスマスツリー

すすめてみました。その親子が住んでいる地域は雪が降らないため、貴重な体験ができたと大変喜ばれたそうです。またイタリアから来た新婚旅行の夫婦には、近所のお寺で早朝5時から行われている座禅へ連れて行ったそうです。その夫婦は日本の寺社を巡る中、お賽銭を入れて手を合わせるだけの参拝客を見て、日本人の宗教観は軽いもの、というイメージを持っていました。座禅を体験するなかで静かに自分と向き合うことで、日本の宗教に対する見方が変わったと感銘を受けたそうです。

こうした提案は、宿泊客とのコミュニケーションから生まれます。タイラー氏によると、宿のおもてなしはシンプルで、宿泊客が求めているものを提供できればよいと言います。ただし、そもそも何を求めているのかは、宿だけではなく宿泊客自身もわかっていないことが多く、コミュニケーションをとる中で引き出していくことが大切なのだそうです。そのためにも、フロントにはあえて持ち出し用のパンフレットは並べず、コミュニケーションをとるきっかけをつくっています。宿泊客が宿から出かける際は積極的に話しかけ、ニーズを見つけ出していきます。

○地域住民の生活と文化に触れる「ずくだしエコツアー」

旅館でのおもてなしに情熱を注ぐタイラー氏ですが、彼の熱意は旅館の中だけに留まりません。旅館業務の合間を縫って、「ずくだしエコツアー」という外国人観光客向けの体験型ツアーを実施しています。「ずくだし」とはコツコツ頑張ることを指す方言で、地域の人々が仕事や生活の中で見せるありのままの「ずくだし」と、受け身ではない楽しみを見出すために必要な参加者側の「ずくだし」という、両方の思いを込めて名付けたそうです。

サイクリングツアー

ツアーの種類はサイクリング

と街歩きの二つ。サイクリングツアーでは、地域の古い街並みや歴史ある寺社、公園などに立ち寄りながら、山や田畑、川沿いの道をサイクリングします。約2時間、8kmの道のりです。立ち寄りスポットでは、相合傘の落書きや橋の名前の由来、道端の道祖神、民家の鬼瓦に配された文字の意味、畑に植えられた作物の種類など、ただ歩いているだけでは気づけないようなポイントについて、じっくりと解説をします。筆者も実際に参加してみましたが、日本人にとっても知らないことが多く、新鮮な気持ちで楽しむことができました。参加者によって興味のあるポイントは異なるため、コースと立ち寄りスポットは柔軟に対応しています。

例えば芸術に関心のある方が参加した際には、版画家の工房に立ち寄ることもあります。

また、外国人観光客に最も喜ばれるのが地域の人々との交流です。サイクリングの途中で、作業中の農家や庭師の方、ゲートボールの練習をしている住民の方などに、積極的に話しかけて会話を楽しみます。時には会

農作業を手伝う参加者

話をするだけに留まらず、畑で農作業を手伝うことになることもあるそうです。これらの出会いはすべて偶然に任せているため、ツアーの内容は毎回異なります。

もう一方の街歩きツアーでは、地域の生活文化に関する解説を交えながら、温泉街を歩いて楽しみます。街歩きでは、有名建築家による旅館客室や、個人所有の鎧や日本刀が置かれた「侍部屋」、生みたて卵の自動販売機など、一般の観光スポットとは一味違った地域の見所を巡ります。また、個人経営のお店に立ち寄ることもツアーの大きな魅力です。射的屋などの温泉街らしいお店から、うどんやそば、おやき、チキンカツなどの飲食店、衣料品店などの地域住民向け商店まで、街歩きをしな

試食を楽しむ参加者

がら様々なお店を紹介します。お茶屋や味噌屋、お土産屋などでは、商品の試食をさせてもらいながら店主との交流を楽しむこともできます。こうしたお店への立ち寄りが商品の購入につながることも多いようで、お茶や味噌、甘露煮、まんじゅうなどの食べ物に加えて、made in Japanの高価な浴衣を購入する方もいたそうです。

　ガイドは、日本人にとっては当たり前の生活文化についても解説をします。例えば、外国人観光客にとって店の前に掲げる「のれん」は、その意味を知らなければカーテンがかかっているだけにしか見えません。お店がオープン中であることを示す以外にも、「のれんをおろす」、「のれんを分ける」など、様々な用法を含めて説明することで、その深い意味について理解してもらえます。

　ずくだしエコツアーでは、地域住民との交流を通して地域の文化や人々の生活に触れることができます。日本に来る外国人の中には、日本人の生活にも直接触れてみたいというニーズがあり、ずくだしエコツアーはそこにうまく応えた内容になっています。

○体験アクティビティの提案

　ずくだしエコツアーの他にも、戸倉上山田温泉には地域のお店で提供している体験アクティビティがいくつか存在します。芸者さんによる30分の「芸妓ショー」や、お茶屋の主人による「お茶の淹れかたレッスン」、地元陶芸家による「陶芸体験」、衣料品店での「和服レッスン」など、地域の生活や文化を体験できる内容です。

　このうち、タイラー氏が提案して実現に至ったものがいくつかあります。例えば「芸妓ショー」がその一つです。通常のお座敷は2時間と決

3. 域内調達率を「高める」

まっていますが、外国人観光客は言葉が通じないため、お酌などの時間はあまり楽しめないそうです。ただし芸を見て雰囲気を味わいたいというニーズはあるため、通常のお座敷が始まる前の30分で芸だけを披露してもらえるよう、タイラー氏が交渉して実現しました。「味噌汁

お茶の淹れかたレッスン

づくり体験」もタイラー氏の提案で始まったものです。味噌づくりに情熱を注ぐ味噌屋の主人が直々に教えるクッキングレッスンで、味噌蔵を見学させてもらうこともあるそうです。外国人向けの味噌づくり体験はよく見かけますが、味噌づくりを覚えても、恐らく帰国してから実践することはありません。味噌汁であれば多くの外国人にとって馴染みがあり、帰国後にチャレンジすることもできます。

　これらの体験アクティビティは、ずくだしエコツアーの中で参加することも可能です。ただし、お店の方が本業の合間を縫って行っているものなので、必ずしも安定的に提供できている訳ではない点が課題としてあるそうです。

○地域の「宝物」を守るために

　タイラー氏にとって、ツアーで訪れる地域のお店は「宝物」であり、将来にわたって残し続けていきたいという想いを持っています。そのためには、宿だけではなく地域のお店にもインバウンドによる恩恵を広げるための仕組みが必要であり、ずくだしエコツアーはまさにそこを狙っています。ツアーを通じて地域のお店を訪問し、店主とコミュニケーションをとることで、商品の購入に直接結びつくことがあります。また、地域の生活や文化についての関心を高め、お店を訪れる上での障壁を取り除く間接的な効果も期待できます。参加費が地域のお店にとって収入

となる体験アクティビティを増やすことも効果的です。タイラー氏の提案で始まった芸妓ショーは好評で、亀清旅館以外の宿に宿泊している外国人観光客からも参加の問い合わせが来るようになり、単独の体験アクティビティとして育ってきているようです。

　ポイントは、地域で提供できる素朴な魅力を、その地域を訪れる外国人観光客のニーズにマッチするような形で、体験ツアーやアクティビティに落としこむことです。タイラー氏は自身が海外出身者であることに加え、旅館の主人として宿泊客と直に接する中で、外国人観光客が何を求めているのかを把握してきました。一方、地域で提供できるものは限られています。タイラー氏は地域のイベントや温泉街のガイドマップ作りなどに参加しており、そうした活動を通じてどういうお店で何が提供できるかについて理解しています。その両者が交わる点を見つけることで、地域にお金が落ちるようなツアーの企画や、体験アクティビティの提案ができるようになったのです。

　今後の課題は、予約経路と客層の多様化です。ずくだしエコツアーの参加者は亀清旅館の宿泊客が中心で、宿を予約した際のウェルカムメールに掲載している情報が、ツアー参加のきっかけになっているようです。ほかにも、ガイドマップやFacebook、アクティビティ予約サイト等で情報発信をしており、こうした様々な経路からのツアー参加者を増やすことが、今後の目標だとタイラー氏は言います。また、戸倉上山田温泉全体でみると外国人観光客の割合は2％ほどで、そのほとんどが台湾からの団体ツアー客です。団体ツアー客は宿泊のみで、街へ出ることはほとんどありません。ずくだしエコツアーやガイドマップによる情報提供を通じて、彼らをいかにして街中へ連れ出すかという点が課題となります。

　タイラー氏は戸倉上山田温泉を、「日本を代表する温泉地にしたい」と言います。こうした課題を乗り越え、地域の「宝物」を守り続けることで、日本人にとっても外国人にとっても更に魅力的な温泉地になることが期待されます。

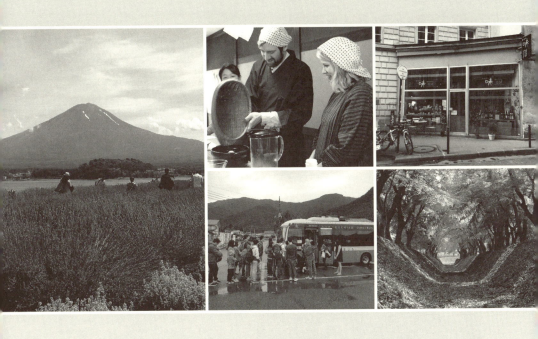

第3章 | 育て、磨き、輝かせる！
インバウンド受入
殿堂観光地に学ぼう

第3章◆育て、磨き、輝かせる！ インバウンド受入殿堂観光地に学ぼう

1. 岐阜県高山市

▶市町村プロフィール◀

【人　口】89,302人（2017年11月1日現在）
【面　積】2,178km²
【年間入込客数】4,511,000人[1]（2016年・「平成28年観光統計」）
【年間外国人宿泊客数】461,253人（2016年・「平成28年観光統計」）
【外国人割合】21%[2]（2016年・「平成28年観光統計」）

古い町並みで写真撮影する外国人旅行者

酒蔵ツアーの様子

1 　宿泊客・日帰り客の合計。
2 　高山市の宿泊者に対する外国人宿泊者の割合。

◆ 132 ◆

1. 岐阜県高山市

図表1　高山市のこれまでの取り組みと旅行者の推移

実施年	観光客数 （単位：万人）	外国人 宿泊者数 （単位：万人）	観光に関係する主な出来事	外国人誘致関連施策
1960				アメリカコロラド州デンバー市と姉妹都市提携
1965			初の敬老の日	
1966	19.2		上三之町街並保存会結成。国鉄の周遊地に指定される	
			初の建国記念の日	
1968	38.0		観光映画「飛騨の高山」が全日本観光映画コンクールで16ミリ部門最優秀賞を受賞	
1970	66.0		国鉄キャンペーン「ディスカバージャパン」「心のふるさと飛騨高山」として全国的に注目を浴びる	
1971	104.3		長野県松本市と姉妹都市提携	
1973	162.6		第一次石油ショック／乗鞍スカイライン開通	
1976	205.2			
1979	193.4		第二次石油ショック	
1982	185.6		社団法人飛騨高山観光協会発足（高山観光協会から法人化）	
			東北新幹線開業	
			上越新幹線開業	
1984	197.0		高山本線全線開通・高山駅開業50周年	
1985	186.8			英語版観光パンフレット作成（JNTO）
1986	230.8			国際観光都市宣言。国際観光モデル地区に指定
				観光案内誘導看板整備（英文併記）
1987	212.2			飛騨観光案内所（JR高山駅前）「i」案内所に指定
1989	218.8		首都圏キャンペーン開始	
1990	251.8		特急「ワイドビューひだ」高山―名古屋間8往復	五ヶ国語会話集作成（英・仏・独・韓・中）
1992		3.5		
1993		2.4		
1994	230.5	3.0	高山本線全線開通・高山駅開業60周年記念SL運行	
1995		2.3		
1996	230.2	2.4	関西キャンペーン開始。旅フェアに出展開始	インターネットによる観光情報発信開始（日・英）
1997		2.9		

133

第3章◆育て、磨き、輝かせる！ インバウンド受入殿堂観光地に学ぼう

実施年	観光客数 （単位：万人）	外国人 宿泊者数 （単位：万人）	観光に関係する主な出来事	外国人誘致関連施策
1998	293.2	3.3	東海北陸自動車道と名神高速道路一宮JCT接続／飛騨高山温泉利用組合設立	外客来訪促進地域に指定
				ウエルカムマップ（英語）作成
				中国語（繁体字）版パンフレット作成（JNTO）
1999	269.7	4.0	特急「ワイドビューひだ」高山―名古屋間10往復。特急「ワイドビューひだ」高山―大阪間1往復。東海北陸自動車道荘川IC供用開始	飛騨・高山コンベンションビューロー設立
				国際会議都市に指定
2000	268.0	3.7		
2001	321.8	4.0	飛騨高山ふれあい21事業（観光客300万人突破）	中国語（簡体字）版観光パンフレット作成（JNTO）
2002	318.3	4.8	飛騨高山ふれあい21パートⅡ事業／メイヒライナー増便高山―名古屋間9往復	中国雲南省麗江市と友好都市提携
				観光ホームページに中国語（繁体字）と韓国語を追加
2003	300.8	4.8	飛騨ふれあい21パートⅢ事業／乗鞍スカイラインで環境保護のためマイカー規制開始	観光ホームページに中国語（簡体字）を追加
2004	281.7	6.1	第1回優秀観光地づくり賞金賞・国土交通大臣賞受賞／中部縦貫自動車道高山西IC供用開始	観光ホームページにドイツ語、フランス語、イタリア語を追加
2005	425.7	9.0	合併により新・高山市が誕生／中部国際空港（セントレア）開港／愛・地球博開催	
2006	419.4	10.7		
2007	434.5	13.2	JR6社による岐阜県ディスティネーションキャンペーン	外国語版ぶらり散策マップ作成（英語・中国語簡体字・中国語繁体字・フランス語・イタリア語）
			ミシュラン・オレンジブックにて三つ星獲得	
2008	426.1	17.1		フランス語版観光パンフレット作成（JNTO）
				外国語版ぶらり散策マップ作成（スペイン語・ドイツ語）
				CITM2008（上海）に出展（高山市単独）
				観光ホームページにタイ語を追加
2009	404.0	14.8	松本・高山・金沢・白川郷客誘客協議会を設立	BITE2009（北京）に出展（高山市単独）
				ITE2009（香港）に出展（高山市単独）
				CITM2009（昆明）に出展（高山市単独）
				外国語版ぶらり散策マップ作成（韓国語）

1. 岐阜県高山市

実施年	観光客数 (単位：万人)	外国人 宿泊者数 (単位：万人)	観光に関係する主な出来事	外国人誘致関連施策
2010	381.2	18.7		外国語版ぶらり散策マップ作成（タイ語）
				WTF2010（上海）に出展（クレア北京のブースに参加）
2011	348.1	9.5	東日本大震災発生	海外戦略室設置（国際誘客、外販、文化交流）
				外国語ホームページ全面リニューアル。英語版facebook（SNS）、中国版ウェイボー（SNS）
				受け入れ環境水準向上事業
				TITF2011（タイ）に出展（広域連携）
				CITE（広州）に出展（高山市単独）
2012	376.9	15.1	観光庁長官表彰	昇龍道プロジェクトへ参加
				古い町並み等外国語ガイド
				ルーマニア シビウ市と友好都市提携
				ソラマチタウン ラ・ソラシドでの飛騨の食材PR
2013	394.5	22.5	北陸飛騨3つ星街道誘客推進協議会設立、飛騨地酒ツーリズム協議会設立。飛騨高山おもてなし文化振興協会設立	ペルー共和国ウルバンバ郡と友好都市提携
2014	402.5	28.0	無料Wi-Fiスポット12か所整備	
2015	434.1	36.4	北陸新幹線開業	外国語版ぶらり散策マップ作成（ヘブライ語）
2016	451.1	46.1		

資料：高山市資料とヒアリング調査・各種資料(公財）日本交通公社作成

第3章◆育て、磨き、輝かせる！ インバウンド受入殿堂観光地に学ぼう

1 観光地の概要とこれまでの取り組み

■岐阜県高山市の概要

○国際観光都市・高山

　高山市は1977（昭和52）年に伝統的建造物群保存地区に指定された上三之町や高山祭等、歴史的文化資源や温泉、山岳景観等の豊かな自然資源に恵まれています。国内の主要空港や駅からはいずれも最低2時間以上を要し、決して交通の便が良いとは言えませんが、国内外から多くの観光客が訪れる国際観光都市として有名です。近年では、好調なインバウンドの影響もあり、高山市を訪れる外国人旅行者数は20年前の約10倍に急増しています。

　高山市のインバウンド施策が本格的に始まったのは、1986（昭和61）年に飛騨地域1市19町村が国際観光モデル地区[3]に指定されたことにさかのぼります。同年「国際観光都市宣言」を行い、日本全体では外国人旅行者がまだまだ少ない状況の中、「外国人が安心してひとり歩きできるまちづくり」を目指して今日までに様々な取り組みを進めてきています。

　高山市ブランド・海外戦略部長（当時）の田中明氏は「なぜ交通の便が悪い場所にこんなにたくさんの観光客が来ているのか聞かれますが、30年という長い時間をかけて取り組んだ成果だと思います。インバウンドに王道はありません。一つひとつの取り組みを5年先、10年先を見すえて取り組んでいくことが重要です」と語ります。このような取り組みの成果もあり、2009（平成21）年には「ミシュラン・グリーンガイド」で三つ星を獲得し、世界的にも注目を集める観光地となりました。

○海外への職員の戦略派遣

　現在は少子高齢化が進み、2005（平成17）年の合併当時から約7,000

3　日本を訪れる外国人旅行者が安心して一人旅できるよう、また日本の良さを知ってもらうために1984年に運輸省（現国土交通省）が打ち出した施策。外国人旅行者に訴求する地域資源を有し、受入態勢も整備されていながら外国人旅行者が少なかった地区の中からモデル地区が指定された。

人減の約9万人にまで人口が減少しており、市内はもちろんのこと、今後は国内の市場縮小も視野に入れ、域外から稼いで市民に還元することを目的として、海外からの誘客・物販・交流を一体化した取り組みを推進するため、2011（平成23）年4月に「海外戦略室」（当時）[4]が立ち上げられました。

　また、海外戦略室の設置と同時に海外も含めた外部組織に職員の派遣を開始しました。派遣された職員は派遣先の業務に加え、本庁の職員や部署と連携して関係事業者や機関に対する営業活動やプロモーション活動等を行うことから「戦略派遣」と名付けられています。現在では、30代～40代の職員を中心に国内外の様々な機関等に派遣しています（詳細はP158「コラム6」参照）。

○高山市を訪れる外国人旅行者

　2016（平成28）年に高山市を訪れた観光客は451万人となっており、宿泊客はその約半数の219万人、そのうち外国人旅行者（宿泊者）は46万人（21％）となりました。高山市を訪れる訪日外国人の特色として、欧米豪の割合が日本全体の構成比と比較して高いことが特徴です（図表2）。しかし、以前は上位10位圏外だった中国が4位まで浮上するなど、

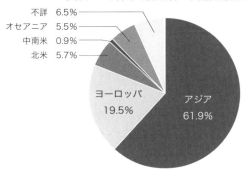

図表2　外国人宿泊者の国籍別構成比

資料：「平成28年観光統計」（高山市）より（公財）日本交通公社作成

4　現在は「ブランド・海外戦略部」の中に「海外戦略課」と「ブランド戦略課」が存在する。

第3章◆育て、磨き、輝かせる！ インバウンド受入殿堂観光地に学ぼう

図表3　外国人宿泊者数上位10ヶ国

順位	国名	人数（人）	構成比
1位	台湾	89,111	19.3%
2位	香港	58,070	12.6%
3位	タイ	35,208	7.6%
4位	中国	32,465	7.0%
5位	オーストラリア	23,144	5.0%
6位	アメリカ	21,642	4.5%
7位	スペイン	20,549	4.5%
8位	シンガポール	16,001	3.5%
9位	イタリア	13,079	2.8%
10位	フランス	12,795	2.8%

資料：「平成28年観光統計」（高山市）より（公財）日本交通公社作成

近年ではアジアからの旅行者も増え始めています（図表3）。

　日本人旅行者のピークは夏休みの8月となっており、通常、冬季は閑散期となっていましたが、この時期にアジアからの旅行者が増え、現在は年間を通じて様々な国の旅行者が往来しています。

■経済効果を高めるためのこれまでの取り組み
① 訪日外国人旅行者を「増やす」

　観光は天災や政治不安等の外部環境の変化に左右されやすく、特定の市場に絞ることはリスクが大きいことを理由に高山市では特定の国や地域（市場）に注力するような誘客を行うことはありません。あえて「選択と集中をしない」戦略に基づいて高山市が進める取り組みとは―。

○トップセールスをきっかけとした継続的なセールス活動

　高山市では現市長（國島芳明氏）が就任して以降、年間5回程度トップセールスを実施しています。高山市では、まずは市長が相手国の企業のトップと商談し、その後、現場に引き継ぐというスタイルで実績を上げてきています。現場に引き継がれた後の留意点として、田中氏は「自治体だけで海外セールスをしても大きな成果にはなりません。あくまで

◆138◆

も民間事業者が中心となって交渉をしてもらい、行政はその下支えをすることが役割だと思っています」と語ります。トップセールス後のフォローも重要です。一度訪問して終了するのではなく、毎月もしくはそれに近い形でセールスを継続することが先方との関係構築には必要不可欠となります。

○Wi-Fiサービスの提供を通じたマーケティングデータの獲得

高山市では外国人旅行者に対して、まちなかで7日間無料でインターネットに接続できるサービス「Free Wi-Fi TAKAYAMA」を実施しています。この取り組みの目的の1点目は、当然のことながら、外国人旅行者に対するインターネット環境の提供、2点目は高山の天候の変化や季節の催し等、滞在中の旬な情報提供、3点目がWi-Fi登録の際に得た情報をマーケティングに活用することです。外国人旅行者へのアンケートの結果、自分の国へ戻っても高山の情報を希望する人が25％程度存在することが明らかになったことをきっかけに、高山市が海外の旅行博に出展する際はその国に居住している人を対象に案内メールを送付する等、リピーター獲得に向けた取り組みを推進しています。

○市場ごとに異なるパンフレット

高山市では海外旅行者向けパンフレットは、高山に来る前の旅行者を対象に海外で配布するもの1種類、高山に来ている旅行者を対象に市内で配布するもの2種類の合計3種類を作成しています。海外で配布しているものは、写真をメインとして、詳細な情報はあえて掲載していません。当初はどの市場に向けても同じデザイン、内容を掲載していましたが、ある時、ファムトリップ参加者からの指摘を受けたことをきっかけに対象国ごとにデザインや内容を変更しました（図表4）。

パンフレットの表紙デザインや内容は市役所内部で意見を出し合って作成しています。例えば、フランス語版ではJNTOパリ事務所に駐在していた職員のアドバイスを受け、北アルプスの写真を、韓国は山岳、ゴ

第3章◆育て、磨き、輝かせる！　インバウンド受入殿堂観光地に学ぼう

図表4　市場別に表紙が異なるパンフレット

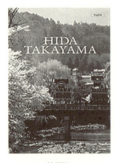
英語1

英語2

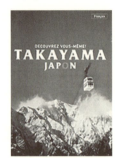
フランス語

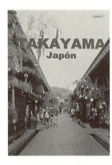
スペイン語

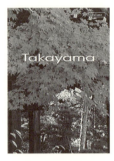
イタリア語

簡体字

繁体字

韓国語

タイ語

出典：飛騨高山観光公式サイト[5]

5　http://kankou.city.takayama.lg.jp/2000502/2000505.html

ルフ、温泉等の需要があるため山岳をメインにした写真を、タイ人は桜を好むため高山祭と桜が入った写真を採用しました。なお、英語は雪景色とグリーンシーズンの2種類を作成しています。雪景色については雪へのニーズが高いタイ、マレーシア、シンガポール等の東南アジア諸国を主な対象国とする等、きめ細かくニーズを把握し、プロモーションに活用しています。

○閑散期を埋めるインバウンド市場

　かつての高山市では、冬季はオフシーズンでした。しかし、最近は東南アジアからの雪を目的とした外国人旅行者の来訪も増え、オンシーズンとなっています。以前は閑散期対策として首都圏を主なターゲットにした商品をバス会社と旅館組合と一緒に造成してセールスしていましたが、近年は外国人旅行者が急増し、春節の頃には宿泊施設が不足し、以前から造成していた国内向け商品を販売することができないほどになりました。

　高山市の年間宿泊者の月別の変動を見ると、宿泊客全体は8月が最も多く年間の宿泊客数の13.6％であるのに対し、外国人は4月が最も多く、年間の宿泊客数の13.8％となっています（図表5）。4月は宿泊客

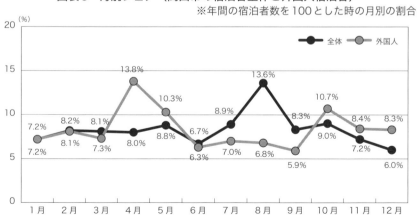

図表5　月別シェア（高山市の宿泊客全体と外国人宿泊客）
※年間の宿泊者数を100とした時の月別の割合

資料：「平成28年観光統計」（高山市）より（公財）日本交通公社作成

第3章◆育て、磨き、輝かせる！ インバウンド受入殿堂観光地に学ぼう

全体ではボトム期にあたりますが、落ち込む需要を外国人需要でカバーしています。高山市のように日本人市場とインバウンド市場等、複数の市場を組み合わせることによって繁閑の差を埋めることにつながると言えるでしょう。

○広域ルートを活用した立寄り機会の創出

　田中氏は「外国の方は高山市だけに来ることはまずありません。国内の他の有名観光地にも必ず立ち寄っています。そこで広域連携にもかなり力を入れています。特にオリンピックを控えて外国の方に地方に来ていただくためには県境を越えて協力しないと大きな動きに発展しません。極端なことを言うと、我々は通過点でもいいと思っています」と言います。冒頭でも触れたとおり、高山市はアクセス面では恵まれているとは言い難い環境ですが、こうした状況を認識した上で集客増に向けた手段の一つとして広域連携を活用しています（図表6）。

　例えば、松本、白川、金沢は「広域ルート」という言葉が出始める前

図表6　高山市の主な広域ルートの取り組み

広域ルート名	連携地域
三ツ星街道	松本市、高山市、白川村、南砺市、金沢市
飛騨地域	高山市、下呂市、飛騨市、白川村
昇龍道	中部9県
杉原千畝	八百津町、高山市、金沢市、白川村、敦賀市
中央道沿線	新宿、富士河口湖町、松本市、高山市、白川村、金沢市、飛騨市、下呂市／京王電鉄、富士急山梨バス、地域バス事業者
北陸・飛騨・信州3つ星街道観光協議会	金沢市、南砺市、白川村、高山市、松本市
ジャパンアルプス観光都市	松本市、塩尻市、富山市、大野市、飛騨市、安曇野市、高山市
セントレア	名古屋市、金沢市、セントレア、高山市

資料：「高山市の海外戦略への挑戦～実績へのこだわり～」（高山市）より（公財）日本交通公社作成

から様々な取り組みを共に進め、海外セールスへ出向いた際はお互いの都市もPRするほどの密な連携をしています。

　近年では月によっては訪日イスラエル人の7割が高山市を訪問しています。第二次世界大戦中に迫害されたユダヤ人にビザを発給した杉原千畝の出生地である八百津町（岐阜県）とユダヤ人が上陸した敦賀港がある敦賀市（福井県）はユダヤ人にとって聖地であり、その二つの訪問地の間にある金沢、高山への訪問が増えています。そこで、八百津町、高山市、金沢市、白川村、敦賀市で「杉原千畝ルート」を立ち上げ、トップセールス等を行っています。今後はイスラエルを突破口にアメリカを中心とした世界に広がるユダヤ人市場にアピールをしていくことを予定しています。

　その他、「昇龍道」「北陸・飛騨・信州3つ星街道観光協議会」（金沢・五箇山・白川郷・高山・松本には「兼六園」「合掌造り集落」「古い町並み」「松本城」等の世界遺産や国宝、ミシュラン・グリーンガイド・ジャパンに3つ星で紹介されている観光資源を有しており、それらの魅力を国内外に一体的に発信することを目的に組織された団体）「ジャパンアルプス観光都市」（中部山岳国立公園に含まれる松本市、塩尻市、富山市、大町市、飛騨市、安曇野市、高山市の7市の観光都市で構成）等で広域連携に参加しており、これらの活動に際しては負担金を出し合い、協議会として共同でPR活動を行っています。

②　訪日外国人旅行者の消費単価を「上げる」

　「我々は年に数回しか飛騨牛は食べませんが、外国の方は飛騨牛をどんどん消費してくれます。近所の飲食店の店主に"あなたたちが来るよりも外国の方が来る方がよっぽど儲かる"と冗談で言われたりもします。これはほんの一例ですが、外国人旅行者は価値を見出したらしっかりとお金を使ってくれることを日々感じています」と田中氏が語る通り、外国人と日本人の消費形態は日本人とは異なります。外国人に高山市内で消費してもらうためにどんな取り組みを行っているのでしょうか—。

◆ 143 ◆

第3章◆育て、磨き、輝かせる！ インバウンド受入殿堂観光地に学ぼう

○誘客と物販を組み合わせたブランド化への取り組み

　高山市では、これまでに飛騨牛、飛騨家具や伝統工芸品、古酒等の地場産品を中心に海外展開を図る施策を行ってきています。

　もともと飛騨牛は生産量が少なく、9割弱が県内で消費され、あまり出回らないため、海外での認知度は決して高いとは言えませんが、海外に派遣している職員を通じて、香港やパリの高級レストランや有名店で食材として採用されました。また、台湾、香港、シンガポールでは、高山市で販売される価格の5倍程度の価格で販売しています。海外で提供、販売されることにより「飛騨高山ブランド」を向上させ、外国人旅行者に現地で安くて新鮮な飛騨牛を食べたいという意欲を喚起しています。

　実際に、古い町並みには飛騨牛の串焼き、握り寿司、コロッケ、肉まん等の店舗が軒を連ね、食べ歩きをしている外国人にも数多く遭遇しました。また、飛騨牛を食べると1人当たりの消費単価が向上することが明らかになっており、結果的に飛騨牛を食べることが多い外国人旅行者の単価を上げることにもつながっているようです（詳細はP147「2　物産と観光の好循環による経済効果向上の取り組み」を参照）。

③　域内調達率を「高める」

　田中氏は「高山市で海外セールスやトップセールスを積極的に行えるのは、十分に活動できる予算を組んでもらっているからです。そのような中においては、インバウンドの取り組みを推進することで市民の何につながるのかということを常に意識して取り組むことが必要です」と語ります。外国人旅行者が増えることによって市民にどのように還元されるか、市民の雇用、所得にどう影響するのかは、経済効果向上を考える上で重要となりますが、この点については高山市でも苦戦しています。

○観光業に従事する人材確保が急務

　高山市の若者は地元の高校を卒業後、大阪や東京等の大学に進学し、そのまま就職することが多く、若い働き手がいないことが課題となって

いります。そのため、観光の現場でも慢性的な人手不足に悩まされており、一部、スキー場の経営と農業を行う副業化も見られましたが、根本的な解決には至っていません。田中氏は「若い人にとって、観光業は賃金が低く、魅力を感じられない産業として目に映るようです。これを解決するためにはサービスの質の向上、客単価の向上、そして、それを従業員の所得に還元する好循環を目指しています」と語ります。

■経済効果向上に資する取り組みのポイントと今後の課題

　高山市では、①訪日外国人旅行者を「増やす」取り組みや、②訪日外国人旅行者の消費単価を「上げる」取り組みについては30年かけて様々な取り組みを進めてきており、観光消費の向上につなげています。②については、VIPを迎える宿泊施設を誘致するためにホテルの建設投資を促す取り組みや、夜遅く夕食を取る外国人旅行者の需要を受けとめるため、飲食店の営業時間を延長する等の取り組みを今後は進めていきたいそうです。

　しかし、③域内調達率を「高める」取り組みについては今後、積極的に行われることが期待されます。例えば、飛騨牛等は海外での販路拡大と市内での消費を組み合わせた取り組みに成功していますが、飛騨牛は高山だけでなく、岐阜県で生産された牛肉であればよいため、必ずしも市内調達ではありません。さらに域内調達率を高めるにあたっては、市内で一定の生産量があるほうれんそう、トマト、菌生しいたけ等の農産品についても「飛騨高山」ブランド化を図る等、誘客と物販を一体化した取り組みが促進されることや、市内の飲食店や宿泊施設でさらに活用されることが期待されます。

　田中氏は「飛騨の農村集落をサイクリングする『里山サイクリング』が外国人の方に好評ですが、我々からすればごく普通の農村風景です。彼らがなぜこんなに感動しているのかと考えたときに、農村風景を通して飛騨ではなく、日本の原風景を感じているのではないかと思います。

第3章◆育て、磨き、輝かせる！ インバウンド受入殿堂観光地に学ぼう

そんな状況を目の当たりにしていると、必ずしも我々が売りたいものが
外国人旅行者にとっていいものとは限らない。高山市特産の朴葉味噌は
必ずしも外国人が食べたいものとは限らないのです」という言葉通り、
外国人旅行者は一部のハードリピーターを除き、地方の魅力に関心を持
つほど日本に精通しているわけではありません。「売りたいもの」を優
先的に考えるのではなく、自分の地域に来ている外国人旅行者が求めて
いるものを見極め、地域として何をどう提供できるかという視点も現段
階では重要な視点となるかもしれません。

1. 岐阜県高山市

2　物産と観光の好循環による経済効果向上の取り組み

■高山市における物産と観光の好循環を生み出す取り組み

　高山市の特筆すべき取り組みとして海外からの「誘客」「物販」「交流」の一体化した戦略的な取り組みの推進が挙げられます。本稿では、高山市から戦略派遣された職員の活動を通じて、海外における高山産品の認知度向上と流通促進、またそれによる誘客効果や高山市における消費促進を生み出している事例から、特に「誘客」「物販」の好循環を生み出していくためのヒントを探ります。

　事例1（香港における飛騨牛の認知度向上と流通促進）では、近年の和牛ブームや、飛騨牛の輸出環境が整ったことを受け、香港のレストラン等と連携し、飛騨牛の現地での認知度向上と流通促進とこれによる高山での飛騨牛の消費促進について紹介します。

　海外において、日本の産品を流通させる上で重要なことは、その市場をよく理解し、嗜好を踏まえた上で、海外での販路開拓を希望する市内の事業者や生産者とマッチングをさせていくことです。市場の理解にあたっては、現地の言語の習得、現地の文化への理解等が重要となりますが、これらは一朝一夕でできるものではなく、現地の市場をよく理解した組織や人物との関係性を構築していくことが重要となります。そこで

　事例2（パリにおける高山産品の認知度向上と流通促進）では、現地の市場理解やネットワーク構築のカギとなる組織や人物との関係性構築とそれによる成果について紹介します。

　コラム6（研修派遣と戦略派遣は違う!?─高山市の「戦略派遣職員」─）では、事例1、2の取り組みのように海外に駐在してシティプロモーションを行うにあたり、高山市が進めている人材活用「戦略派遣」について紹介します。

　コラム7（高山へ来た人に高山を知ってもらい、消費してもらおう！─GREEN Cooking Studioの朝市と郷土料理体験─）では、高山市への来訪をきっかけに高山市の産品の認知度向上、帰宅後の現地での消費

◆ 147 ◆

第3章◆育て、磨き、輝かせる！ インバウンド受入殿堂観光地に学ぼう

促進につなげているGREEN Cooking Studioの事例から、事例1、2とは別の視点から物産と観光の好循環を生み出すヒントを探ります。

事例1　香港における飛騨牛の認知度向上と流通促進

○取り組みの背景

　香港における飛騨牛の認知度向上と流通促進が進められた背景には、牛肉の輸出環境が整備されたことが大きく影響しています。食肉は輸出相手国・地域の規制に基づいた認定施設で処理されたものでないと輸出することができません。また、認定基準は輸出相手国ごとに異なるため、輸出相手国別に処理施設を整備する必要があります。以前は高山市にも県内にも海外輸出用の処理施設がなく、県外の施設で処理後、飛騨牛を輸出していました。しかし、2010年に高山市内の施設が香港向けの輸出認定施設となったことをきっかけに、県主導のもと、飛騨牛を大々的に売り込む機運が高まってきたのです。その頃、香港では和牛ニーズが高まっていたため、高山市でも飛騨牛を活用した販売促進と誘客に乗り出しました。

○まずは飛騨牛を知ってもらうことから
　―「米芝連三星城市飛騨高山美食酒祭 in 雪舟」の開催―

　飛騨牛を輸出できる環境が整い始め、高山市では県が行った飛騨牛のPRを受け、現地（香港）でもフォローアップをすることを目的に現地レストラン「雪舟」と連携し「米芝連三星城市飛騨高山美食酒祭 in 雪舟」を開始しました。「雪舟」は香港の中心地・銅鑼湾（Causeway Bay）に位置し、中高年の富裕層が主な顧客で、客単価も高いレストランです。

　2013年は飛騨牛が香港市場に十分に認知されていないなか、飛騨の地酒と飛騨牛をセットにして通常より安価に提供するプロモーションメニューを提供しました。メニューの内容は飛騨牛の寿司、前菜、飛騨牛の薄焼き、飛騨牛のサーロインステーキ等、まさに「飛騨牛づくし」の

◆ 148 ◆

1. 岐阜県高山市

コースで720HKD（日本円でおよそ10,000円程度）ほど、約1か月間（4月26日～5月31日）にわたり提供しました。

フェアの初日には開幕式を実施し、高山市長による飛騨の地酒や観光PR、地酒の試飲や飛騨牛の試食を実施しました。当日は香港のメディアや飲食・旅行業関係者も参加してもらい、現地の主要新聞、雑誌等4媒体でフェアの実施や観光情報等が掲載されました。

また、飛騨牛を知ってもらうだけでなく、飛騨牛の産地である高山市にも関心を寄せてもらい、来訪のきっかけをつくるため、雪舟の店頭で高山市のプロモーション（装飾）と、訪日旅行の取扱が多い現地旅行会社と連携し、旅行商品パンフレットや旅行割引クーポン券の設置等を行いました。

当時を振り返り、江尻英夫氏（2014年～2016年JNTO香港事務所に派遣、現高山市海外戦略部海外戦略課係長）は「飛騨牛も飛騨の日本酒も香港ではあまり知名度は高くありませんでした。特に日本酒はゼロから販路を開拓しました。また、現地の職員は私の前任者1人で予算も限られていたので、メニューを手作りしたり、店内装飾も職員がデザインしたりと工夫を凝らしながら実施しました」と語ります。

試行錯誤しながら実施した本フェアはその後2014年にも実施し、当初の目的だった飛騨高山産品（主に飛騨牛や地酒）の認知度向上と消費拡大はある一定の成果が得られました。また、市内の生産者の新規海外

開幕式の様子

「雪舟」におけるプロモーションメニュー

販路開拓ができたこと、フェアを通じて香港の現地サプライヤーとの関係が構築され、円滑で安定的な流通経路が確保さたことも成果の一つといえるでしょう。その結果、2年のフェアの実績を踏まえて一部の地酒はグランドメニュー化されました。このように、一過性のイベントで終わらせることなく、継続的な取り組みに発展した点も大きな成果と言えるかもしれません。

○取り組みのさらなる広がり
　―「和牛焼肉『純』における飛騨牛フェア」の事例―

　また2016年にはJA全農ミートフーズの香港法人が経営する「和牛焼肉 純（Japanese Wagyu Yakiniku Pure 以下「純」）」にて飛騨牛フェアを開催しました。「純」は「雪舟」と同じく香港の中心地、尖沙咀や銅鑼湾に店舗を持ち、平日は若者（20代～30代）、週末はファミリーを中心ににぎわう焼肉レストランです。

　新たに「純」で飛騨牛フェアを実施した背景について江尻氏は「日本に来ていただきたいメインターゲットである20～30代の若い女性と『純』の顧客層に共通点がありました」と語ります。「雪舟」とは異なる客層、特に訪日への関心が強い層に飛騨牛を認知してもらい、高山への来訪意欲を高めてもらうことを目的に新たなフェアを実施することになりました。

フェア中の店内の様子　　　　　　「純」におけるプロモーションメニュー

1. 岐阜県高山市

フェア中のFIT向けプロモーション　　朴葉みそ焼き

　フェアでは「雪舟」と同じく「飛騨牛プロモーションメニュー」を販売しました。今回は飛騨高山地方の郷土料理である朴葉焼きと飛騨牛を同時に楽しむことができる「飛騨牛の朴葉みそ焼き」をセットにした特別コースメニューや飛騨高山の地酒を揃えました。

　一見すると同じ取り組みを別の場所で開催しているようにも見えますが、「雪舟」と「純」の取り組みの大きな違いは、飛騨牛や地酒に留まらない、市内産品の活用です。例えば、プロモーションメニューで提供している「朴葉みそ焼き」の提供に際しては高山市内の事業者の味噌を採用し、飛騨高山地方の特産品である「宿儺かぼちゃ」のペーストをポタージュとして提供しました。

　店内では高山市の観光プロモーションを実施し、尖沙咀店では増加するFIT向けに名古屋や東京から高山市への鉄道・バス交通商品のチラシを設置しました。また、香港からの訪日旅行者はレンタカーを利用する人が多いことも受け、高速道路定額乗り放題パスのチラシを設置しました。

　こうしたプロモーション実施の際には、江尻氏が当時戦略派遣されていたJNTO香港事務所が実施する中部北陸プロモーションとタイアップして、Facebookで情報発信を行い、SNSの投稿内容からも高山で飛騨牛を食べた人の投稿も目立つようになりました。江尻氏は「着実に香港で飛騨牛の認知度が向上していると思います。また、飛騨牛を目当て

◆151◆

第3章◆育て、磨き、輝かせる！　インバウンド受入殿堂観光地に学ぼう

古い町並みで販売されている飛騨牛の寿司

に高山に来る香港の方もかなり増えました。こうした動きを受け、古い町並み界隈では、以前は飛騨牛の串焼きくらいしかなかったように思いますが、最近では飛騨牛まん、コロッケ、飛騨牛の寿司等食べ歩きを意識した飛騨牛メニューがかなり増えてきました」と語る通り、飛騨牛の香港内の認知度向上、高山市への誘客、消費促進の好循環が生まれていることを実感しているようです。

　その他にも、「純」では飛騨牛を含む複数の和牛を取り扱っており、中でも飛騨牛は他の和牛に比べて原価が高いため、プロモーションメニューの金額が他のフェアよりも割高になるにもかかわらず、フェア開催期間中、月単位では過去最高の売上金額を記録しました。12月はクリスマスシーズンで消費が促進される月でもありますが、飛騨牛への関心の高さがうかがえる結果となりました。また、フェア終了後もフェアで販売されていた飛騨の地酒を希望するお客様も出てきたことから、高山市内の酒造店の地酒がグランドメニューとして採用されました。このような背景もあり、フェアの期間は当初11月1日〜30日の1か月でしたが、店舗側の判断により1か月延長されました。

○香港における高山産品の安定的な取引に向けて
　フェアの開催は高山市の産品を流通させるための第一歩であり、安定的に取引していくためには課題もあります。
　今後は香港市場のニーズを踏まえ、フェアで提供する高山産品の種類を増やすとともに、テストマーケティングの場として活用し、評価が高い産品については安定的な取引につなげていくための取り組みが必要となります。例えば、フェアで評価が高かった地酒は香港の輸入業者が強

い関心を持ってくれたこともあり、現在は輸入業者を通じて飲食店に卸し、安定的な取引につながっています。こうした地酒のような事例が増えていくことが期待されます。

　その他、市としては、海外での販路拡大に対する関心が高い市内の事業者・生産者へのサポートや、香港におけるニーズと高山市の産品に精通し、両者をうまくマッチングさせることができる香港のキーパーソンや輸入事業者を見つけ、密に連携を図ることも重要です。

　また、「飛騨牛」は物産と観光の好循環を生み出すにあたり、キラーコンテンツとしての役割を果たしてきましたが、他の和牛と比べ、価格面では優位性が低い点に課題があります。和牛に対する関心が高い香港では日本各地の有名な和牛が日常的に手に入る環境となっており、厳しい競争環境におかれていることも事実です。特に香港の人々は、和牛に対する関心は高いものの、和牛であれば特に産地はこだわらないこと、価格に対してシビアな目を持っているため、他の和牛に比べて価格が高い飛騨牛は価格優位性が低くなってしまうことが懸念されます。

　今後は、割高になるだけの「理由」をきちんと消費者に伝えることができれば、価格競争に陥ることなく、他の和牛と差別化にもつながることになるでしょう。

第3章◆育て、磨き、輝かせる！ インバウンド受入殿堂観光地に学ぼう

事例2　パリにおける高山産品の認知度向上と流通促進

○取り組みの背景—日本食材店「ISSE」との関係づくり—

　取り組みのきっかけは2011年に高山市の職員である林秀和氏（現：高山市総務部行政経営課係長）が一般財団法人自治体国際化協会（以下「CLAIR」）のパリ事務所に派遣されていた時にさかのぼります。当時は、パリで高山の産品を販売するのに適したショップを探しており、日本食材を専門に扱うセレクトショップ「ISSE」に出会いました。

　「ISSE」はパリ市内の一般的な日本食材の量販店とは一線を画し、日本人でも知らないような食材を取り揃え、一つひとつの食材は他の店に比べて高価です。そんな「ISSE」には日本や日本食材への関心が高い一般の消費者やジャーナリストに加え、ミシュランの星付きレストランのシェフも頻繁に訪れます。当時の経営者でもある故・黒田利朗氏はもともとフランス語の通訳・翻訳を本業としていましたが、日本食材や日本酒への関心・知識が非常に深く、その延長で「ISSE」を始めました。現地のシェフが求める食材を的確に把握し、黒田氏自らが店頭で販売する食材を選んでいたため、その「確かな目」は、現地のシェフにも一目置かれていました。また、黒田氏が他の量販店と一線を画していたもう一つの点としては、フランス人に対して単に食材を販売していただけでなく、作り手のこだわりや苦労、産地での食べられ方や歴史など、その背景にある"物語"を丁寧に説明して販売していた点です。 これは、言葉や会話を重んじるフランス人が求める"豊かな表現と言い回し"を十分理解し、応えることができた黒田氏だからこそ構築することができた顧客との信頼関係といえるでしょう。数ある日本食材を販売する店舗の中から「ISSE」と関係構築した理由はまさにここにあります。「ISSE」に高山市の産品を卸すことができれば、一流のシェフの目に留まる機会や、世界的にも有名な一流レストランで提供される機会が増え、産品の販売に留まることなく、現地でのブランド力の向上につながります。飛騨牛のように、海外で一定のブランド力を持つ産品は、高山を訪れた際

◆154◆

の滞在中の消費促進にもつながり、高山産品の現地での流通と観光の「好循環」を生み出すことが期待できるのです。

林氏の後任でありJNTOパリ事務所に戦略派遣されていた森由貴氏（現：高山市海外戦略部海外戦略課主査）は「人と人とのつながりが重視されるフラン

ISSEの外観

スにおいて、キーパーソンとの関係を構築し、そこから現地の情報を把握することはとても重要です。そういった意味で黒田氏とのつながりを持てたことは最大の成果でした。パリ赴任中は１週間に１〜２回程度『ISSE』に通い、高山市はもちろんのこと、岐阜県の産品の問い合わせを受けた際も対応していました。そんなこともあり、次第に黒田氏の信頼も得られたのではないかと思います」と当時を振り返ります。

○パリのシェフを高山に招待

黒田氏に現地のシェフのニーズ等様々な情報を教えてもらい、「ISSE」との関係性を構築しながら、森氏は高山市の食材をパリで流通させる取り組みを進めていきます。その一つがパリの高級レストランのシェフに実際に高山に足を運んでもらうことでした。2013年７月には世界的にも有名なシェフであるクリストフ・プレ氏を黒田氏とともに高山市へ招待し、市内の高級料亭「洲さき」を舞台に料理長とプレ氏が交互に料理を提供するコラボレーションイベントを開催しました。森氏は「プレ氏に高山市に実際に来てもらい、食材の産地や『洲さき』とのコラボレーションイベントを通じて、料理のインスピレーションを得てもらうことが目的でした。また、プレ氏の料理を体験した市民に対しても海外から見た高山の魅力を知ってもらうことができるのではないかと思い、黒田氏、林氏とともにこのイベントを企画しました」と語ります。

「洲さき」の厨房での黒田氏とプレ氏　　地元特産品を試食する黒田氏とプレ氏

　2016年3月にも、有名なフレンチシェフであるジャン＝クリストフ・リゼ氏を高山市に招聘しました。プレ氏、リゼ氏の両氏には事前に黒田氏とともに関心のある食材をピックアップしてもらい、リクエストがあった市内の生産者の元を回り、実際に生産の現場を視察してもらいました。

　その中の一つ、川尻酒造の「熟成古酒純米酒山ひだ」は黒田氏の目に留まり、「ISSE」でも取り扱うことになりました。販売にあたっては、フランス人の嗜好をよく理解している黒田氏のアドバイスにより、フランス人の好みに合ったラベルに替え、国内販売価格以上の価格で販売することになりました。実際の販売促進にあたってもフランス市場を熟知したキーパーソンの存在は大きいものと言えるでしょう。近年では、人数は多くないものの、高山市を訪れたフランス人で「熟成古酒純米酒山ひだ」を購入する人も徐々に増えてきており、高山市が当初から目指していた高山産品の現地での流通と観光が少しずつよい循環を生み出し始めています。

「山ひだ」フランス版　　「山ひだ」日本版

1. 岐阜県高山市

○輸出にあたっての課題

　2回の世界的に著名なシェフと黒田氏の招聘を経て、市内の米、もち米、地酒等、安定的な輸出につながりそうな品目がいくつか候補に挙がりました。しかし、高山市から出荷され、「ISSE」の店頭に並べられるまでに最低1週間を要するため、輸送上の様々な課題がもちあがりました。例えば、しいたけやわさび等の生ものは日持ちせず、いくら品質がよくても空輸すると品質が劣化してしまいます。わさびを乾燥させないような工夫をして空輸する等の試行錯誤を重ねましたが、よい品質を維持したまま輸出することは難しいと判断し、生ものの輸出は断念せざるを得ませんでした。一方で、食材の中でも地酒、米、もち米等は保存がきくため、品質をほとんど劣化させることなく輸出することができます。その他、間伐材を使った箸や、張り子人形、小糸焼（陶器）等の工芸品も輸出しています。高山市では、どの商品が受け入れられるか、品質を劣化させずにうまく輸出できるか、今後もトライ&エラーを繰り返しながら進めるとともに、パリ市内の他店とも「ISEE」のような関係づくりを進め、販路を拡大していくことも模索しています。

第3章◆育て、磨き、輝かせる！ インバウンド受入殿堂観光地に学ぼう

コラム6

研修派遣と戦略派遣は違う!?
―高山市の「戦略派遣職員」―

　高山市では職員の「戦略派遣」を行い、派遣された職員は「誘客」「物販」「交流」の好循環を生み出すことを目標に派遣先での業務に取り組んでいます。「戦略派遣」とは―。

　江尻氏（「事例1：香港における飛騨牛の認知度向上と流通促進」参照）、森氏（「事例2：パリにおける高山産品の認知度向上と流通促進」参照）の派遣時の上司であり、現在も国内外の戦略派遣職員10人を統括する高山市東京事務所長の清水雅博氏にお話を伺いました。

　「『研修派遣』と『戦略派遣』の違いは"実践"を伴うか伴わないかの違いです」と清水氏は語ります。

　高山市では、以前から若手や中堅職員を中心に省庁等への「研修派遣」を展開していましたが、現市長（國島芳明氏）がマニフェストに掲げた海外戦略を推進するために平成23（2011）年4月に「海外戦略室」を立ち上げたことをきっかけに「戦略派遣」という形態の派遣を運用しています。派遣先の業務を通じて知見を高めることは従来と変わらないものの、高山市職員として赴任地における誘客や産品販路拡大支援など高山市のプロモーション活動を"実践する"ことが大きな違いです。通常派遣されると、派遣先の指揮系統に属することになり、派遣元への日常的な業務報告を行うことはありませんが、高山市の場合、本庁所属部業務と連動した戦略派遣職員としてのミッションがあるため、東京事務所をハブとして、日常的に情報を共有し、本庁と連動した活動を行っています。

　派遣はおよそ2年、30代〜40代の職員を中心に、国内では財務省、観光庁、文化庁、JETRO、JNTO、セントレア、海外ではJNTOの現地事務所（香港、パリ）、外務省（デンバー総領事館）に戦略派遣しています。

　戦略派遣職員は、資質として豊かなコミュニケーション力、姿勢としては失敗を恐れない積極性を重視した公募等で選抜されています。プロモーション活動を行うには地元の観光情報、産品情報等に精通しておく

必要がありますが、東京事務所が最新の関連情報を随時供給するとともに、ネットワーク支援を行い、その実践活動を補完する体制を整えています。

戦略派遣の任期を終えた職員は帰任後、関連部署に配属され、後任のフォローにあたることが基本となっています。高山市では戦略派遣職員が得た知識と経験、人脈は後任に引き継がれ、組織内にノウハウ等が蓄積されるよう、人事面での工夫も行っています。パリ派遣から戻った森氏は、現在は欧州における観光プロモーションや物販に関する戦略を担当しながら、後任者への細かな助言等でその活動をサポートしています。

森氏は派遣されていた当時を振り返り「JNTOの仕事を抱えながら、高山市としてのプロモーション活動をすることは正直大変でした。しかし、JNTOパリ事務所にパンフレットを取りに訪れる方のうち7～8割は高山への訪問を希望しており、日本へのインバウンドに貢献するという派遣先団体の目標に高山への誘客で寄与できると考え、日々の活動をがんばってきました」と語ります。

清水氏は「派遣元と派遣先の共通の利益を見出し、良好な関係を調整、維持していくのも東京事務所の役割の一つですが、歴代の戦略派遣職員がしっかり派遣先業務にも貢献してくれていることもあり、難しい問題となったことはありません」と語ります。

さらに香港やパリで高山の産品が流通するようになってきた現状と今後について清水氏は、「これは市内事業者の努力と戦略派遣職員の活動に理解と支援をしていただいた派遣先団体のおかげです。飛騨高山の優れた産品を通じて、初めて飛騨高山を知る外国人も今後は増やして行きたい。"産品の価値"が"産地の価値"につながり、実際に飛騨高山を訪ねる人がもっと増えていくことを目指していきたいです」と語ります。

インバウンドにいち早く取り組み、全国地方都市のトップランナーをひた走る高山市。その知名度、ブランド力を背景とした産品の海外販路拡大で更なる誘客を狙う高山市の戦略と、国内外のその現場で"実践する"高山市戦略派遣職員の活躍にこれからも大いに注目すべき取り組みといえるでしょう。

第3章 ◆育て、磨き、輝かせる！ インバウンド受入殿堂観光地に学ぼう

コラム7 高山へ来た人に高山を知ってもらい、消費してもらおう！
―GREEN Cooking Studioの郷土料理体験―

　香港やパリの事例から海外における高山市の産品の認知度向上、流通促進によって高山市へ来訪した際に消費を促進させる事例を紹介しました。物産と観光の好循環という視点においては、高山市への来訪をきっかけに高山市の産品の認知度向上、帰宅後の現地での消費促進につなげるという視点も重要です。

　本コラムでは高山市を訪れた外国人を対象に、朝市での買い物と郷土料理体験を提供するGREEN Cooking Studioの取り組みを紹介します。

　GREEN Cooking Studioのオーナー・守山緑氏は元々健康食品の発酵原料開発に携わる仕事をしており、地域の食文化に携わる機会も多く、このままでは、飛騨地方の一般的な家庭で食べられている郷土料理や朝市の文化がなくなってしまうのではないかという問題意識を持っていました。そこで、飛騨の郷土料理を見直すきっかけになればと平成28（2016）年5月にGREEN Cooking Studioをオープンさせました。外国人のみを対象としていたわけではありませんが、現在は外国人旅行者が主な利用者となっています。

スタジオでの調理風景

　プログラムは週1回程度、午前のコース（6,000円）と午後のコース（6,500円）と2コース、催行人数は2〜6名程度で開催されています。午前のコースは最初に朝市を散策しながら市の通訳案内士が店先の食材を説明し、その後の調理体験に必要な材料を購入します。スタジオへ移動し、和食の基本である出汁を取り、いくつかの高山味噌を食べ比べ、各自が気に入った味噌を使って自分だけの味噌汁を作ります。味噌の嗜好は国籍による違いがあり、発酵食品・ベジマイトを食べ慣れているオーストラリア人は少々くせがある味噌を好み、あまり発酵食品を食べ慣れていないアメリカ人は甘い味噌を好む傾向があるそうです。

その他、わらを編んだ「こも」で豆腐を包んだ飛騨地方の食材「こも豆腐」を使ったがんもどきや巻き寿司等を作ります。当初は現在の倍ほどメニューがありましたが、調理体験を行っている間、慌ただしく時間が過ぎてしまい、参加者が楽しむ余裕がなさそうだったため、メニュー数を減らし、現在のメニューに落ち着いています。冬は味噌汁を鍋に変える等、季節によって一部メニューを変更していますが、ベースとなるメニューは変わりません。また、宗教上の理由等から食べられない食材がある方もいるため、巻き寿司の具材をまぐろからしいたけに変更する等の対応も行うようになりました。

朴葉すし

　午後のコースでは、酒蔵を案内しています。その日のメンバーの希望をあらかじめ聞いておき、希望がある場合にはスタジオ付近の豆腐店、和菓子店等をめぐります。調理するメニューは午前の部と変わりません。

　客層はオーストラリア、アメリカ、フランス、イギリス等の欧米系を中心に、最近では香港やシンガポールの人も増えてきました。カップルでの参加が多く、プロの料理人や、料理への関心が高く真剣に学ぼうとする人が多いようです。調理の際に使ったえごま、味噌、山椒等は気に入ると購入を希望する人も多く、その際は、守山氏もいくつかの店を紹介しています。

　昨年の冬には、外国人旅行者向けのツアープログラムを提供する「美ら地球（ちゅらぼし）」の酒蔵見学やスタジオでのおつまみづくり体験がセットになったツアーに協力する等、取り組みが広がりを見せていくなか、守山氏は今後について「現在、日本人向けの調理体験は地域住民を主な対象に不定期で行っていますが、今後は外国人を対象としたプログラムと日本人を対象としたプログラムの両方進めていきたいですね」と語ります。

　GREEN Cooking Studioの取り組みは、国内、海外を問わず高山に来た人に誰もがなじみ深い「食」というコンテンツを通じて、飛騨高山の文化や高山の産品を理解してもらい、朝市や近所の商店での買い物等、滞在中の消費促進にもつながっている事例と言えるでしょう。

2. 山梨県富士河口湖町

> ▶ 市町村プロフィール ◀
>
> 【人口】25,329人（2017年11月1日現在）
> 【面積】158.40㎢
> 【年間入込客数（延べ人数）】1,194万人[1]
> 　（2016年・「平成28年山梨県観光入込客統計調査報告書」）
> 【年間外国人宿泊客数】54.4万人
> 　（2016年・「平成28年富士河口湖町観光統計」）

---

[1] 観光客数については平成11年～平成21年までは「山梨県観光客動態調査報告書 観光客月別一覧表（延べ人数）」を、平成22年以降は「山梨県観光入込客統計調査報告書 観光客圏域別月別一覧表（延べ人数）」を適用。調査期間はいずれも暦年となっているが、平成22年は平成22年4月1日～平成23年3月31日の年度調査となっている。なお、本稿では経年変化を把握することを目的としたため、中長期的に観光入込客数を把握することができる「山梨県観光客動態調査報告書」と「山梨県観光入込客統計調査報告書」を用いた。そのため、①平成22年以降、調査方法が大幅に変更されている点、②富士河口湖町を含む「富士吉田・河口湖・三つ峠周辺」と「本栖湖・精進湖・西湖周辺」の観光入込客数の合計を用いているため、富士河口湖町に加え、富士吉田市、西桂町、鳴沢村も含んだ数値である点について留意が必要である。

2. 山梨県富士河口湖町

オムニバスに並ぶFIT

河口湖畔で写真撮影する外国人旅行者

図表7　富士河口湖町のこれまでの取り組みと旅行者の推移

実施年	観光客数[1] (単位:万人)	外国人 宿泊者数 (単位:万人)	観光に関係する主な出来事	外国人誘致関連施策
1999	1,356			海外セールス開始
				ソウルにてトップセールス（2月）
2000	1,383		JRデスティネーションキャンペーン 「ときめく旬感！山梨ロマン街道」	広州にてトップセールス
			成人の日、体育の日が毎年3連休になるハッピーマンデーがスタート	台北にてセールス
2001	1,223		ユニバーサルスタジオジャパン オープン	台北にてトップセールス
			東京ディズニーシー オープン	
			アメリカ同時多発テロ発生	
2002	1,201	9.1	4月から学校完全週5日制になる	多言語パンフレット（英・簡・繁）発行
			2002FIFAワールドカップ日韓大会	台北にてセールス
				上海にてトップセールス
2003	1,195	10.6	河口湖町、勝山村、足和田村が合併し富士河口湖町発足	観光事業者向け中国語講座の開始（～2014）
			西湖いやしの里根場の整備開始	
			SARS流行	
2004	1,259	14.9	富士河口湖町公認ネイチャーガイド養成講座・ガイドツアー開始	レトロバス（西湖・青木ヶ原線）
				中国、香港、台湾、韓国にてセールス
2005	1,261	16.2		台湾、中国、香港、シンガポール、タイにてセールス・プロモーション
2006	1,291	17.2	上九一色村南部地域と合併、現町域となる	デザイン標識
			西湖いやしの里根場が第1期オープン	シンガポール、中国、香港、台湾、タイにてセールス・プロモーション
			観光活性化標識ガイドラインに基づく標識整備計画策定	

◆ 163 ◆

第3章◆育て、磨き、輝かせる！ インバウンド受入殿堂観光地に学ぼう

実施年	観光客数[1]（単位：万人）	外国人宿泊者数（単位：万人）	観光に関係する主な出来事	外国人誘致関連施策
2007	1,372	18.8	観光立国推進基本法	多言語サイトリニューアル（英・簡・韓）
			観光立国推進基本計画	台北、中国、エストニア、ベトナム、香港、オーストラリア、韓国にてセールス・プロモーション
				観光立町推進基本条例
2008	1,409	17.7	JRデスティネーションキャンペーン「週末は山梨にいます。」	ベトナム、中国、台湾、オーストラリアにてセールス・プロモーション
			観光庁設立	
			四川大地震	
			リーマン・ショック	
2009	1,421	13.1	新型インフルエンザ流行	オーストラリア市場・FIT満足度に関する調査
			9月の大型連休、高速道路の料金割引	シンガポール、ベトナム、中国、台湾、香港にてセールス・プロモーション
			高速道路休日1000円開始	富士五湖全域に富士河口湖町と同じデザインの標識の導入
				観光立町推進基本計画（2009～）
2010	1,112	18.1	尖閣問題	中国、タイ、シンガポール、台湾、香港にてセールス・プロモーション
2011	1,058	6.4	東日本大震災発生	「訪日外国人旅行者の受入環境整備事業（戦略拠点整備事業）（県）
				中国、シンガポール、バンコクにてセールス・プロモーション
				FIT向けマップ（英、繁中）発行
2012	1,101	11.0	尖閣問題	国立公園紹介サイト（県の事業、英・簡体・繁体・韓）
				シンガポール、インドネシア、中国、台湾、韓国にてセールス・プロモーション
				やまなしFree Wi-Fiプロジェクト（県）
2013	1,173	15.8	円安	FIT向けマップ発行（タイ、仏）
				「食サイト」（英、簡中、繁中、韓）供用（県）
			旅行者の安全・安心対応マニュアル作成事業	
				イタリア、タイ、インドネシア、韓国にてセールス・プロモーション
2014	1,148	25.2	「新・やさしい観光情報提供構想」策定	世界遺産サイト（県の事業、英・簡体・繁体・韓・インドネシア）
			観光連盟の法人化・機能強化に向けた調査・研究	シンガポール、マレーシア、台湾、インドネシアにてセールス・プロモーション
			円安	案内サインやサービスの多言語状況調査

◆ 164 ◆

2. 山梨県富士河口湖町

実施年	観光客数[1] (単位：万人)	外国人 宿泊者数 (単位：万人)	観光に関係する主な出来事	外国人誘致関連施策
				FIT向け8カ国語ページ供用（英、簡、中、韓、仏、タイ、マレーシア）
				河口湖周遊バス（30分間隔から20分間隔）・西湖周遊バス（60分間隔から30分間隔）を増便
				観光立町推進基本計画後期（2014〜）
2015	1,158	42.1	観光連盟の法人化に向けた準備・調整	FIT向けパンフレット（英）発行
			「食」「宿」に関する魅力アップ調査の実施	シンガポール、ベトナム、台湾、中国、フィリピン、インドネシアにてセールス・プロモーション
				スイス ツェルマットと友好都市協定
				河口湖周遊バス（20分間隔から15分間隔）を増便
				「多言語ガイドライン講習会」開催
2016	1,194	54.4	バスタ新宿開所	レンタサイクル乗り捨てシステム実証実験
			観光連盟が一般社団法人に	トレッキングマップ（英）発行
			鳴沢・精進湖・本栖湖周遊バス（ブルーライン）新設	冬イベント情報発信（英・簡・繁・タイ）
			東京発バスの大幅増便	北京、ツェルマットにてセールス・プロモーション
			ビューポイントの整備内容検討	飲食施設・宿泊施設の魅力向上に関する勉強会の実施

資料：富士河口湖町資料とヒアリング調査・各種資料より（公財）日本交通公社作成

第3章◆育て、磨き、輝かせる！ インバウンド受入殿堂観光地に学ぼう

1　観光地の概要とこれまでの取り組み

■富士河口湖町の概要

○ゴールデンルート上という立地

　富士河口湖町は首都圏からおよそ100kmの場所に位置し、富士山はもちろんのこと、河口湖をはじめとする湖でのアクティビティ（釣り、カヌー）、山や森でのアクティビティ（トレッキング、エコツアー等）、河口湖周辺の温泉等、豊富な自然資源を活用した様々な楽しみ方ができる観光地です。

　富士河口湖町の観光地としての発展は中世にさかのぼります。当時は信仰のための富士登山の拠点として栄え、明治に入ると日本に居留している外国人や富裕層の避暑地として発展してきました。昭和に入ると、鉄道や中央自動車道の開通によって都心からのアクセスが向上し、首都圏近郊から手軽にアクセスできる観光地として定着するようになりました。

　以前から外国人旅行者は多かったものの、国全体でインバウンドが好調なこと、またこれと関連して訪日外国人旅行者に人気が高い観光地をつなぐ「ゴールデンルート」上に富士河口湖町が位置しており、特に日本を初めて訪れる外国人旅行者は必ず立ち寄るスポットとなっていることから、近年は以前にも増して多くの訪日外国人旅行者で賑わっています。

　東京から河口湖行きの高速バス内は様々な言語が飛び交い、河口湖周辺ではサイクリングを楽しむ外国人旅行者や、富士山を背景に自撮り棒を使って写真撮影をする外国人旅行者、キャリーケースを引いて歩道を歩く外国人旅行者等、町内の至るところで外国人旅行者に遭遇し、富士河口湖町が日本を代表するインバウンド受入観光地であることを実感します。

○富士河口湖町を訪れる外国人旅行者

　富士河口湖町を訪れる外国人宿泊者数は東日本大震災以降、急激に増加し、2016（平成28）年の外国人宿泊客数は過去最高の54.4万人とな

◆ 166 ◆

図表8　FITの推移[2]

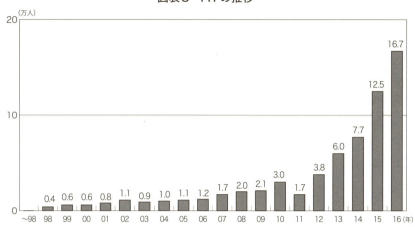

資料：富士河口湖町観光連盟の資料より（公財）日本交通公社作成

りました（図表7）。主要国の内訳は中国（31％）、台湾（19％）、タイ（18％）で[3]、ここ数年の傾向では、韓国を除く東アジア（中国、台湾、香港）と、東南アジア（タイ、シンガポール、マレーシア）からの旅行者が多く、特に近年は、タイからの旅行者が増えています。

団体ツアー客はゴールデンルートを5〜6泊程度かけて回り、河口湖周辺または箱根周辺で1泊するケースが多く、その他に富士山静岡空港から入国して富士山、伊豆、箱根に立ち寄り、東京に向かうツアーがあるようです。近年増えてきているFITは東京発、東京戻りというケースが多いようです（図表8）。

また、町を訪れる外国人旅行者の特徴として、季節変動が少ない点が挙げられます。桜好きのタイ人がタイの旧正月「ソンクラーン」を利用してシェアを伸ばしたことも影響し、従来閑散期だった4月の需要を取り込み、平準化に貢献しています。日本人宿泊者数が少ない閑散月（12月〜4月）に外国人旅行者をうまく取り込むことによって、町内の観光産業にとっても安定的な雇用創出等の効果を生み出しています。

2　富士河口湖観光総合案内所の外国人来所者数。
3　富士河口湖町観光連盟発表資料による。

第3章◆育て、磨き、輝かせる！ インバウンド受入殿堂観光地に学ぼう

■経済効果を高めるためのこれまでの取り組み
① 訪日外国人旅行者を「増やす」

　富士河口湖町で外国人旅行者を積極的に受け入れ始めたのは1999（平成11）年でした。当初はソウル、台北、上海など近隣の国の首都や主要都市を対象にトップセールスや商談会での出展を中心とした海外プロモーションを実施し、その後、中国では対象を青島、深圳など地方都市に拡大しました。2011（平成23）年以降は東南アジアの都市（シンガポール、バンコク、ジャカルタ、クアラルンプール、ハノイ、ホーチミン、マニラ）も対象とし、10年以上継続的に海外プロモーションに取り組んでいます（図表9）。

○ターゲットを決めるための市場調査と新規市場の開拓

　また、ターゲットを絞ったプロモーションやそれに伴う調査も実施しています。例えば、2009（平成21）年にはFIT化を見据え、欧米のFITニーズの把握を目的とした調査を実施し、その結果を踏まえて外国人旅行者向けのマップを作成する等、受入整備の拡充に役立てられています。

　その他、韓国市場のシェアが全国と比較して低い（16位・2016年）ことから、韓国市場を対象にした調査も実施しました。調査の結果、韓国市場よりもタイ市場を積極的に取り込んでいくべき市場と判断し、現地での海外プロモーションや、町内の案内表示、マップの対応言語などにタイ語で対応しており、施策決定の際の判断材料として活用されています。近年では、新規市場としてベトナムとムスリムを狙っていく予定です。

② 訪日外国人旅行者の消費単価を「上げる」

　積極的な海外プロモーションを継続的に行ってきた富士河口湖町ではあるものの、近年では、ピーク期の半分となる年4回程度の海外セールスにとどまっています。富士河口湖町観光課の久保氏は「初めて訪れたお客さんが『ここには二度と来ない』とか、『行く価値がない』等と

◆ 168 ◆

2. 山梨県富士河口湖町

図表9　海外セールス・プロモーションの実施記録

訪問年	訪問都市	うちトップセールス
1999	ソウル（9月）	ソウル
2000	広州（4月）、台北（10月）	広州
2001	台北（12月）	台北
2002	台北（11月）、上海（12月）	上海
2003		上海、天津、青島ほか、江蘇省・上海・浙江省
2004	上海（1月）、上海（2月）、天津・青島ほか（8月）、江蘇省・上海・浙江省（10月）、広東省・香港・台湾（10月）、ソウル（10月）、大連・瀋陽・北京（11月）、天津（12月）	
2005	台北（1月）、広州・上海（1月）、広州・香港（2月）、大連・北京（7月）、天津・北京（9月）、台北（10月）、昆明（11月）、シンガポール・バンコク（11月）、杭州（12月）、台北（12月）	台北、シンガポール・バンコク
2006	シンガポール（2月）、河南省・鄭州（3月）、香港・台北（4月）、バンコク・シンガポール（8月）、香港・台北（9月）、大連（10月）、広州（12月）、大連・瀋陽・北京（12月）	香港・台北
2007	台北（5月）、台北ほか（6月）、成都（6月）、エストニア（7月）、成都・北京（7月）、ホーチミン（8月）、北京・天津（9月）、天津（9月）、香港・台北（10月）、広州（11月）、シドニーほか（11月）、ソウルほか（12月）	台北
2008	ハノイ・ホーチミン（1月）、北京・青島（2月）、上海・広州・香港（4月）、北京・天津（6月）、台北（8月）、上海・南京・杭州（11月）、ブリスベン・シドニー（12月）	上海・広州・香港
2009	シンガポール（2月）、ホーチミン・ハノイ（2月）、北京・上海（3月）、シンガポール（8月）、北京・天津（6月）、台北・台中・高雄・香港（10月）、上海・昆明（11月）	
2010	北京・天津（2月）、バンコク・シンガポール（2月）、牡丹江・北京（6月）、上海（8月）、台湾・香港・東莞（9月）、広州（9月）	北京・天津、牡丹江・北京
2011	大連・北京（6月）、シンガポール・バンコク（7～8月）	シンガポール・バンコク
2012	シンガポール・ジャカルタ（2月）、上海・蘇州・無錫（2月）、台北（5月）、北京・天津（5月）、大連・瀋陽・長春（6月）、ソウル（10月）	台北、北京・天津
2013	シエナ・ローマ（10月）、バンコク・ジャカルタ（10月）、ソウル（10月）	
2014	シンガポール・クアラルンプール（2月）、台北（6月）、ジャカルタ（9月）	シンガポール・クアラルンプール
2015	シンガポール（2月）、ハノイ・ホーチミン（2月）、台北（6月）、北京・上海（7–8月）、マニラ（10月）、ホーチミン・ハノイ（11月）、ジャカルタ（11月）	ハノイ・ホーチミン
2016	北京（2月）、ツェルマット（7月）、北京市延慶県（10月）	北京、ツェルマット、延慶県

資料：富士河口湖町資料より（公財）日本交通公社作成

第3章◆育て、磨き、輝かせる！ インバウンド受入殿堂観光地に学ぼう

SNSで拡散されてしまうことは非常に怖いです。そのためにも受入環境を整えるのが急務と考えています」と語ります。近年、インバウンドが好調な一方で、外国人旅行者に来てもらったのはいいものの、宿泊施設や二次交通の受入態勢の不十分さから、外国人旅行者が「また来たい」と思えるような満足できる滞在を提供できないという話は多くの観光地でしばしば聞かれる話ですが、富士河口湖町ではそうした状況も見据えて取り組みを展開しています。

　富士河口湖町でも、長年の海外セールスの結果、町として受け入れられる外国人旅行者は一定のボリュームに達しており、加えてFITも急成長していることから、外国人旅行者を「呼ぶ」段階から、外国人旅行者に「満足してもらう」段階へと注力すべきステージに移行しているため、プロモーションよりも魅力づくりや受入態勢の整備に注力しているのが現状です。

○魅力をつくる─温泉掘削─

　富士河口湖町は熱海や箱根と同じ富士火山帯にありながら、温泉には縁がなく、もっぱら避暑地として発展してきたため、夏季に観光需要がピークを迎え、冬季は閑散期となってしまうこと、石和温泉等、周辺の温泉観光地に宿泊客を取られてしまうことも課題となっていました。そこで、町では昭和50年代から温泉掘削を行い、1995（平成7）年にようやく掘削に成功し、5か所で温泉が湧いたことにより、冬季も温泉を楽しんでもらうことができるようになり、年間を通じて様々な魅力を楽しんでもらうための環境づくりが行われてきました。

　温泉掘削によって町内の雇用環境にも変化が生まれました。従来、町内の宿泊業等では、閑散期となる12月〜翌年3月までの間は一度従業員との雇用関係を解消し、4月から新たに雇用関係を結ぶことが一般的となっていましたが、温泉採掘によって、通年営業が可能となり、安定的な雇用が実現されました。

◆170◆

2. 山梨県富士河口湖町

○魅力をつなぐ―ハード（レトロバス・オムニバス）とソフト（モデルコース）
　の両面からアプローチ―

　従来の河口湖畔を中心とした自然資源だけでなく、温泉という魅力も
加わり、町内には様々な観光資源が点在していますが、旅行者にとって
は限られた時間の中で、これらの観光スポットの間をできるだけ効率的
に移動することが重要です。町ではこうした魅力を「つなぐ」ための取
り組みも進めています。

　ハード整備としては、観光バスの「レトロバス」と「オムニバス」が
挙げられます。1995（平成7）年に主要観光施設を巡る「河口湖周遊バス」
（レッドライン）が開設された当初は高齢者や女性を主な対象とし、運
行は地元の富士急行バスが担い、車両購入に係る費用の一部は町で補助、
運行に際して赤字が出た場合は町が補塡[4]するという仕組みで開始しま
した。赤字分の補塡を避けるため、町では施設整備やイベント開催等の
施策を打ち続けた結果、3年目の1997（平成9）年には黒字に転換しま
した。2004（平成16）年には、新たに「西湖周遊バス」（グリーンライン）
も開設し、2014（平成26）年には黒字に転じています。さらに2016（平
成28）年4月から「鳴沢・精進湖・本栖湖周遊バス」（ブルーライン）
を新設し、町内には現在3本のバス路線が整備されています。こうした
路線増加だけでなく、運行間隔もレッドラインは30分間隔から15分間
隔と次第に短くなっており、FITの増加によって、これらのバスが果た
す役割も年々大きくなってきています。

　また、富士河口湖町では、マーケティング調査の結果から、外国人旅
行者の場合、「見るべきポイント」を押さえ、移動効率にも配慮したモ
デルコースや、食の情報に対するニーズが高いという結果を受け、「2
時間コース（徒歩）」「半日コース（観光バス）」「一日コース（観光バス）」
「半日コース（自転車）」等のモデルコースを提示した多言語マップを作
成しています。

4　上限額あり。

◆171◆

第3章◆育て、磨き、輝かせる！ インバウンド受入殿堂観光地に学ぼう

町内に点在している観光資源がハード・ソフトの両面でつながったことによって、町内の回遊性の向上と、町内の滞在時間の増加や、それに伴った消費機会の増加に貢献しています。

③　域内調達率を「高める」

「外国人旅行者を日常的に見かけたり、例えば自分の子どもがインバウンドにビジネスチャンスを見いだすと親もやる気になったり、観光事業者の方がインバウンドビジネスに積極的になるきっかけは『実感あるもの』が重要だと思います」と、久保氏は語ります。異業種との連携や域内人材の活用においてはこうした分かりやすい「気づき」が必要かもしれません。これまでも富士河口湖町では地元企業と連携して特産品の開発等を行ってきていますが、継続的な取り組みに発展することなく、まだ課題を残している状態と言えます。今後は観光以外の業種事業者に「実感あるもの」をどう見せ、連携できるかが重要となるでしょう。

■経済効果向上に資する取り組みのポイントと今後の課題

富士河口湖町の訪日外国人旅行者関連施策の注目すべき点は、インバウンド市場動向に合わせて注力する施策を変化させている点です。

訪日外国人旅行者の誘致を始めた1999（平成11）年からピークを迎える2008（平成20）年頃までのおよそ10年間、海外セールスを中心に注力し、その結果、訪日外国人旅行者数は堅調に推移しています。また、町内の観光資源をソフトで「つなぐ」マップ、ハードで「つなぐ」観光周遊バス等は、単体では訴求力が弱い観光資源を組み合わせることによって、滞在時間の延伸に寄与しています。

一方、今後、ますます訪日外国人が増えることが予想される中で、これらの需要を受け止めるためには、消費拠点を増やしていく必要があります。町では訪日外国人旅行者を積極的に受け入れる店舗が増えることを期待していますが、多くの商店が地域住民を主な客層としており、インバウンド対応に積極的な経営者はまだまだ少ない状況です。一方で、

町外の若者を中心に空き店舗等を利用したゲストハウス、レンタサイクルショップ、飲食店等、消費の拠点も生まれ始めており、今後はこうした取り組みに対する支援が重要となるでしょう。

商品の品揃えを増やすことも重要となります。近年では、地元企業によって、土産物用の日本酒、ラベンダーせっけん、クッキー等が販売されていますが、訪日外国人旅行者にとって「買い物」が観光地での魅力的な活動の一つであり、現在でも菓子類やキーホルダー等を中心に消費されていることを考えると、町内の産業と結びついた特産品開発を積極的に行っていくことも必要です。

経済効果を高めるために重要な「域内調達率の向上」については課題を残しています。例えば、旅館やレストラン等において地場農産品を活用しようと思っても、旅館やレストランにとっては、コストに見合うかという点を重視していることや、できるだけ良いものを提供したいという思いがあるため、いずれかに応え得るものでないと地場産品の活用は難しくなっています。地場の野菜は生産量が少なく安定的な供給が難しい点も課題となります。今後は農家等の異業種との連携にも期待がかかります。

「富士河口湖町の観光行政は、小佐野町長時代は町長自らが主導して温泉掘削等様々な取り組みを進めていたこともあり、その後は行政主導の傾向が強かったと思いますが、2016（平成28）年に『富士河口湖町観光連盟』が一般社団法人化したことによって、民間主導へと変革されつつあります。今までは行政がイベント準備や海外セールスも率先して行ってきましたが、『富士河口湖町観光連盟』が法人化したことによって、行政本来の役割であるインフラや統計の整備に注力することができるようになると思います。役割が明確化されたことによって、今後は官民一体となった取り組みをきちんと行えるのではないかと思っています」と語る久保氏の言葉にもあるように、富士河口湖町では観光施策面で新たな転換期を迎え、官民の役割が明確化されたことによって、今後一層インバウンドを中心とした観光施策が展開されていくでしょう。

2 富士河口湖町の花を活用した需要平準化の取り組み

○富士河口湖町における花を活用した観光需要平準化の取り組み

　富士河口湖町では、年間を通じて様々な花等に関するイベントを開催しています。短期間では1週間程度の「富士・河口湖さくら祭り」、長期間では4か月程度の「花のナイアガラ」等、年間を通じて何らかの花や紅葉が見ごろを迎える仕掛けがされています（図表10）。イベントによって主催者は異なるものの、富士河口湖町として重要な観光資源として国内外にPRを行ってきています。

図表10　富士河口湖町で開催されている花や紅葉関連のイベント

時期	主な花関連のイベント名
4月中旬	富士・河口湖さくら祭り
4月下旬～5月上旬	河口湖富士桜・ミツバツツジ祭り
4月下旬～5月下旬	富士芝桜まつり
6月上旬～10月中旬	花のナイアガラ＆花街道と花小富士
6月下旬～7月中旬	河口湖ハーブフェスティバル
7月中旬～8月中旬	天上山あじさい見学
11月上旬～11月下旬	富士河口湖紅葉まつり

資料：富士河口湖ガイド「ココ（CoCo）」より（公財）日本交通公社作成

富士河口湖紅葉まつり

花のナイアガラ

観光需要は季節、月、曜日、時間帯によっても変動が大きい点が特徴的です。観光需要の変動をなるべく抑え、安定的なものにする、つまり「平準化」することによって、地域では安定した収入だけでなく、安定した労働環境が維持できることにもつながります。また、旅行者にとって交通機関や観光地が混雑することなく、ゆとりある快適な環境の中で楽しむことができるため、結果的に満足度向上につながります。

こうした観光需要の「平準化」にあたっては、絶えず魅力を発信することにより、いつでも楽しめる観光地づくりが必要となりますが、その一手段として富士河口湖町では年間を通じて「花」を活用したイベントによって魅力を発信し続けています。

本稿では、観光需要の平準化において重要となる閑散期の需要喚起を目的とした花関連のイベントとして**事例1（閑散期への誘客手段としての花資源の活用—河口湖ハーブフェスティバル—）**を紹介します。

また、こうした花関連のイベントにおいては、来場者数が注目されがちですが、観光消費は「旅行者数（イベントの場合は来場者数）×一人あたりの消費単価」で計算されるため、イベント運営においては、来てもらうだけでなく、イベント中に「消費してもらう」という視点や、地域への経済波及効果面からは、イベントで販売しているものをいかに域内から調達するか、という視点が重要です。以上の観点から、富士急行株式会社（以下「富士急行㈱」）が実施する**事例2（イベントにおける消費促進—富士芝桜まつり—）**の事例を紹介します。

第3章◆育て、磨き、輝かせる！ インバウンド受入殿堂観光地に学ぼう

事例1　閑散期への誘客手段としての花資源の活用
―河口湖ハーブフェスティバル―

○取り組みの背景

　河口湖ハーブフェスティバルは1992（平成4）年から、毎年6月下旬〜7月中旬に開催されています。富士河口湖町では、1989（平成元）年のふるさと創生金の交付をきっかけに、町民へのラベンダー苗の配布や、河口湖ハーブ館オープン等「香り」にまつわる取り組みが積極的に進められていました。こうしたまちづくりが進められる中、入込客数が減少する梅雨の時期に観光客に足を運んでもらうために生まれたイベントが「河口湖ハーブフェスティバル」(以下「フェスティバル」)です。フェスティバル開始時は、ラベンダーは北海道で見られるもので、関東では珍しかったこともあり、集客力を期待できたのもラベンダーを選択した理由の一つでした。

○八木崎公園に加え大石公園の2会場で開催

　当初は、河口湖の南岸に位置する八木崎公園でのみ開催していましたが、交通渋滞が起きるほどの人気が出たため、1996（平成8）年には河口湖の北岸に位置する大石公園も新たに会場に加え、2会場で開催することになりました。大石公園がある河口湖の北エリアは眺望もよく、観光資源も豊富でしたが、特筆すべき観光資源や観光イベントがないことが課題となっていました。そこで、当時リニューアルオープン直後の大石公園で集客力のあるフェスティバルを開催することにより、来訪者の分散はもちろんのこと、大石地区全体の魅力を向上させるというねらいもありました。当初、大石観光協会のスタッフが八木崎公園でフェスティバルの運営を手伝っていたこともあり、運営がスムーズに行える状況にあったことも大石会場での実施を後押ししました。

　結果的にどちらか一方の開花が十分でない場合は、もう一方の会場へ案内する等、二つの会場を状況によってうまく使い分け、安定的なフェ

◆176◆

2. 山梨県富士河口湖町

八木崎会場の様子　　　　　　　大石会場の様子

図表11　八木崎公園と大石公園の位置関係

スティバルの開催につながっています。

○外国人来訪者は団体ツアー客からFITへシフト

　当初はインバウンド誘致を意識したイベントではありませんでしたが、海外の旅行会社へのセールスの成果もあり、外国人来訪者は2004（平成16）～ 2005（平成17）年頃から増え始めました。こうした状況から、受入体制を整備することが急務であると判断し、2009（平成21）年には調査を実施しました。その後も年々外国人の来訪者は増え、現在は国内客と外国人の割合が半々程度となっています。その影響もあり、近年、

第3章◆育て、磨き、輝かせる！　インバウンド受入殿堂観光地に学ぼう

富士河口湖町で開催される花関連のイベントではパンフレットやチラシ
は日本語版と英語版を作成し、会場内の案内もなるべく多言語対応でき
るよう整備を進めています。無料であることや、大型バスの駐車場も完
備していることもあり、以前は中国、台湾等の団体ツアー客が中心でし
たが、最近では河口湖駅から周遊バスやレンタサイクルを利用して訪れ
る外国人も多く、徐々にFITにシフトし、客層も変化してきています。

○ラベンダーの管理の難しさと工夫

　ラベンダーの開花は、その年の雨量や天候に大きく左右されること、
ラベンダーにも寿命があること等から、管理の難しさが課題として挙げ
られます。取材を行った2017（平成29）年には、フェスティバル開催
期間中に4,000株すべてを植え替えました。直前まで十分に開花するか
どうかわからないため、植え替えの判断も慎重に行う必要があるそうで
す。

　このように生き物である「花」を活用する場合には、リスクが伴うも
のの、フェスティバル期間をできるだけ長くすることや、十分に開花し
ない場合のリスクを軽減するため、早咲きの「濃紫」という品種や、遅
咲きの「グロッソ」という品種を混在させることにより、期間中、どち
らかの品種を楽しめるように工夫しています。

○需要を平準化する手段としての「花」と今後の課題

　花は人間の視覚に訴える資源であることから、見る側の知識や興味等
への影響が少なく、多くの人を惹きつけることができる点が強みであり、
集客に有効な手段であると言えるでしょう。また、春は桜や芝桜（事例
2「富士芝桜まつり」参照）、夏はラベンダー、ベゴニアをナイアガラ
の滝をイメージして飾った「花のナイアガラ」、秋は紅葉等、年間を通
じて四季折々の様々な花の品種を組み合わせ、多様な魅力を発信するこ
とによって、需要の平準化にも貢献します。

　しかし、花関連のイベントによる経済波及効果についてはまだまだ課

題があるようです。例えば、イベントを開催している地域の宿泊施設に宿泊せず、町外のホテルへの宿泊、飲食が行われるケースや、宿泊業の中でも団体を受け入れられるホテルにとっては収入増につながっている一方で、そうでない民宿は収入増につながらない等、エリアや施設の規模等によってその効果にはばらつきがあるようです。今後、こうした「ばらつき」を解決するためには、各事業者の努力はもちろんのこと、飲食マップの作成やフェスティバル来訪者への特典等、事業者や行政が一体となった消費促進への取り組みが重要となるでしょう。

　また、イベント会場では軽食や土産物等を販売していますが、団体ツアーの場合は、買い物場所や食事場所があらかじめ決められており、消費がされにくいこと等も課題となっています。ただし、来場者の消費促進にあたっては、近年、その場で食べ歩きしやすい食べ物や、外国人に人気が高い桃やぶどう等、外国人の嗜好を踏まえた品揃えに変化してきていることもあり、今後の消費促進が期待されます。

事例2　イベントにおける消費促進―富士芝桜まつり―

○取り組みの背景と現状

　富士急行㈱では、本栖湖近くの「富士本栖湖リゾート」で「富士芝桜まつり」（以下「本イベント」）を2008（平成20）年より開催しています。本イベントが開催される富士本栖湖リゾートは富士急行㈱がもともと別荘の分譲販売を視野に入れて購入した土地でした。しかし時はバブル崩壊直後、300区画の別荘分譲の売れ行きはいま一つだったため、20区画程度の企業向け分譲に切り替えることになりました。また、これと合わせて、富士本栖湖リゾートの認知度を向上させようと2008（平成20）年から実施されたのが本イベントでした。

　本イベントのコンテンツとして芝桜を選んだ背景には、植えた1年目からすぐに見ごろを迎えること、開始当初は芝桜が見られる場所は北海道滝上町をはじめ数か所に限られており、関東ではまだまだ一般的ではなかったこと等が挙げられます。

　開催期間は4月中旬から5月下旬、2.4haの広大な土地に広がるおよそ80万株の芝桜と雄大な富士山の景色を望むことができ、アメリカCNNが発表した「日本に美しい風景31選」にも選ばれています。

　この風景を維持するにあたっては、イベント開催以来、試行錯誤が繰り返されています。2011（平成23）年は思ったように開花しなかったため、それまで管理を委託していた造園業者を見直し、この地域の気候をよく理解している地元の業者に変更しました。これにより、本栖湖周辺は空っ風が吹く上に、冬に雪が降ることも少ないため、土が乾燥してしまい、芝桜がうまく育た

富士芝桜まつりの様子

2. 山梨県富士河口湖町

図表12　来場者数の推移

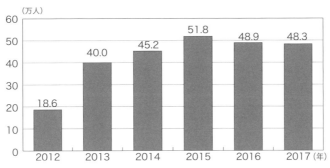

資料：プレスリリースより（公財）日本交通公社作成

ないことが判明し、冬は芝桜の上にシートを被せて一定の水分量を維持できるよう改善する等の工夫をして、美しい風景を維持しています。

　こうした努力が実を結び、単年では多少の増減はあるものの、ここ数年の来場者は50万人程度で推移しています（図表12）。

○外国人来場者像

　2017（平成29）年の外国人の来場者は14.6万人となっており、来場者のおよそ3割を占めています。外国人来場者のうち団体が約6割（うち約4割が中国、3割弱が台湾、1割がタイ）、個人が約4割程度となっています（図表13）。

図表13　外国人来場者（2017）

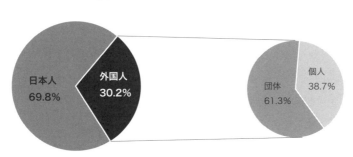

資料：プレスリリースより（公財）日本交通公社作成

◆181◆

第3章◆育て、磨き、輝かせる！ インバウンド受入殿堂観光地に学ぼう

　2017年は中国の団体ツアー客が対前年比60％と大きく落ち込んだことが大きく影響し、来場者数も減少しました。本事例の取材を行った渡辺辰美氏（富士急行㈱グループ事業部調査役）は「中華系の方も春節等の混雑する時期を避けて、比較的空いている時期に個人旅行で訪れるようになり、団体ツアー客が減少しているのは本イベントに限らず、全国的な傾向だと思います。一方で、台湾（対前年比125％）や香港（同222％）等の東アジア、タイ（同133％）、シンガポール（同162％）等の東南アジアからの団体ツアーは増加しています。またFITは対前年103％と増加傾向にあります」と語ります。全国各地と同様、本イベントにおいてもFIT化が進んでいるようです。また、FIT対応の一環として、期間中は河口湖駅前からシャトルバスを運行しています。

　既に多くの外国人が来場していますが、今後力を入れていきたいのも「海外」と渡辺氏は言います。「国内市場は縮小傾向ですが、海外はまだまだ来ていただけると思っています。富士急行㈱では中国、台湾、タイに事務所があるので、海外拠点もうまく活用して、今後はインドネシア、マレーシア等の東南アジア市場等も開拓していきたいと思っています」と語ります。

○外国人来場者の消費の実態

　外国人来場者はイベント中にどのような消費をしているのでしょうか―。1時間程度園内を散策し、その間、散策しながら食べられるものや立ち食いできる軽食が人気を集めており、客単価は平均で1,000円程度です。イベント開催中、園内では「富士山うまいものフェスタ」を同時開催し、「食べ歩きニーズ」を意識した商品が並んでいます。

　その他、注目すべきは桃をはじめとする果物です。山梨県が海外で桃のセールスを積極的に進めていることから、東アジアを中心に山梨県の桃は高級品として認知されています。自国には持ち帰れないことから、散策中に桃を食べたり、ホテルで桃を食べる外国人も多いようです。桃の多くは甲府方面から出荷されてきますが、渡辺氏は「外国人にとって

◆182◆

2. 山梨県富士河口湖町

オリジナル芝桜コロッケ

ふじやまたいやき

ニジマスの塩焼き

甲州富士桜ポークの肉まん

富士山揚げかまぼこ

桔梗信玄餅ソフト

富士河口湖町と甲府市エリアが別の行政であることを認識している人は少ないと思います。今の段階では"富士山がある場所（山梨県）においしい桃もある"と認識してもらうことから始めたいと思います」と語ります。外国人の消費促進においては、日本人との情報量の違いや地域を認識する際のエリア単位が異なることを念頭においたプロモーションや消費促進が重要となるでしょう。

○オリジナル商品の開発

イベント限定の土産物の開発も行っています。渡辺氏は「イベントオリジナル商品は売れ残った場合、他で販売することができないのでハイリスクです。それでも、富士急行㈱の特色を出して他のイベントとの差別化を図りたいとの思いから、ここ数年はイベントオリジナル商品の開発に積極的に取り組んでいます。好評で年々オリジナル商品率が高くなっ

フジヤマクッキー

桜マカロン

合わせ焼き

春のおせんべい

富士芝桜さくさくサブレ

ポテトチップス

ています」と語ります。イベント限定のお土産は、富士河口湖町に店を構える「フジヤマクッキー」や、山梨県の代表的な銘菓である「桔梗信玄餅」等、町内、県内の事業者によって10数種類の限定商品が並びます。

本イベントの出店については、株式会社富士急ハイランドが担当しており、各事業者からの提案や主催者である富士急行㈱等の発案で商品化されていくことが多いようです。

渡辺氏は「イベントの場合、活気ある雰囲気が後押しして、普通の観光施設よりも飲食の消費が伸びる傾向があります」と語ります。イベントという場を活用し、「食べやすいもの」や、イベントでしか手に入らない「買いたくなるもの」を揃え、一つひとつは少額ではあるものの、消費しやすい環境づくりを行っていることが特徴的です。また、出店している店舗に目を向けると、町内や近隣の富士吉田市、山梨県内と、地域に根差した事業者が中心となっていることも、域内調達率の観点から、経済波及効果を高める上で重要であり、本イベントは示唆に富む事例と言えるでしょう。

あとがき——インバウンドの経済効果事例を読み解く

　訪日市場が拡大し、FIT化し、一部でコモディティ化も進行する中で、宮島（廿日市市）、富士河口湖町の例にみるように、インバウンド客を誘致するという段階から、いかに消費してもらい、地域への波及効果を創り出していくかを考える段階に局面が移りつつあります。本書は、単なる「誘客」から「波及効果」へのシフトチェンジを地域がどう進めていくべきかを考えるヒントとなるよう企画したものです。

インバウンドにおける地域ブランドの距離感

　ところで、各研究員が食や買物、体験等に関する事例情報の探索を進めていったところ、優良事例（外国人消費が地域経済の活性化につながっている事例）を見つけることに想定以上に苦労しました。

　地域へのインバウンド客数が増えたとはいえ、それはここ数年の出来事であって、目に見える形でインバウンドの経済効果が発現するまでにはいまだ時間がかかるということもあるでしょう。

　生産地に足を運ぶという旅の形もいまだ普及していません。香港のスーパーマーケットを訪れると、日本の地域名を冠した魚や果物がブランド化し、他の国の食材よりも高値で販売されているのを目にすることができます。ですが、そうした食材は東京や大阪で食べても良いというのが現状です。この事情は食材だけではなく、伝統工芸品等もそうでしょう。

　こうした中で、第3章で"殿堂入り"として紹介した高山市では、早くから経済循環を重視した施策を対外的に進めて来ています。ブランド化による消費拡大を目指す地域には参考となる点が多いでしょう。

水平型の波及効果を生む周遊パス・宿泊拠点

　第2章では、小規模観光地ながら富裕層やムスリム圏からの誘客に成

功している事例や、大都市を含めて夜の観光魅力向上など、比較的特色のある優良事例を多く紹介しています。

おさらいになりますが、経済効果を高める施策の分類としては、「①訪日外国人旅行者を増やす施策」「②一人当たりの消費単価を上げる施策」「③域内調達率を高める施策」があります。

ただし、一つの施策が複数の効果を産むことの方が、むしろ一般的です。例えば道の駅での物販施設整備などは、①②③の要素をすべて含み得ます。第2章に挙げた事例は、もともと「消費」を軸に抽出しましたので、①②の要素は大なり小なり含まれていて、これに③の要素、地場産品や地元人材の活用に関する工夫が織り込まれた事例が多くなっています。

また、少し視点を変えると、「消費が消費を呼び込む」というケースも多く含まれています。周遊パスによる観光施設との連携や、地域文化の拠点としての宿泊施設などがそれです。

誘客・消費から域内調達までを仮に「垂直型」の波及効果と位置づけた場合、言わば「水平型」の波及効果を産み出すような効果です。例えば、温泉の掘削は入湯料収入だけではなく、飲食や宿泊へのニーズを産むし、朝市は物販だけでなく前夜の宿泊にも結びつきます。こうした活動と活動とのリンケージが経済効果を広げ、結果的に客層のダイバーシティ（多様性）を高めることにつながるのです。

観光施策の立案や評価にあたっては、「垂直型」「水平型」双方の波及効果への寄与を確認することが重要になるでしょう。

末筆ながら、本書の作成に御協力いただいた地域の皆様、すべての関係者の皆様方に、改めて深甚の謝意を表します。

公益財団法人日本交通公社
観光経済研究部長

塩谷　英生

〔執筆者略歴〕

■柿島あかね（かきしま　あかね）
2007年立教大学大学院観光学研究科博士課程前期課程修了。現在、公益財団法人日本交通公社主任研究員。

〈第1章、第3章〉

■川口明子（かわぐち　あきこ）
1999年筑波大学大学院博士課程社会工学研究科修士号取得退学。現在、公益財団法人日本交通公社主任研究員。

〈第2章　2.訪日外国人の旅行消費単価を「上げる」　事例の読み解き方、事例4–2、事例4–3〉

■川村竜之介（かわむら　りゅうのすけ）
2014年筑波大学大学院システム情報工学研究科博士前期課程修了。現在、公益財団法人日本交通公社研究員。

〈第2章　3.域内調達率を「高める」　事例の読み解き方、事例5–1〜5–3、6–1、6–2〉

■塩谷英生（しおや　ひでお）
1989年筑波大学大学院経営政策科学研究科修了、2017年首都大学東京都市環境科学研究科博士課程修了（観光科学）。現在、公益財団法人日本交通公社観光経済研究部長・観光文化情報センター長・主席研究員。

〈第2章　1.訪日外国人旅行者を「増やす」〉

■外山昌樹（とやま　まさき）
2009年慶應義塾大学大学院政策・メディア研究科修士課程修了。現在、公益財団法人日本交通公社主任研究員。

〈第2章　事例3–1、事例4–1〉

（五十音順、2018年5月現在）

◆ 187 ◆

索　引

アルファベット

Authentic ・・・・・・・・・・・・・16, 41, 189
ETC2.0 ・・・・・・・・・・・・・・・・・32, 189
FIT（Foreign Independent Tour）
　・・・・・・・・・・・ 2, 21, 28, 167, 177
ILTM ・・・・・・・・・・・・・・・・・・・・・40
JETRO ・・・・・・・・・・・・・・・・・・ 158
JNTO ・・・・・・・20, 139, 149, 155, 158
LCC ・・・・・・・・・・・・・・・・ 2, 27, 79
SNS ・・・・・・・・・・・・・・・・・・・・・13

あ

朝市 ・・・・・・・・・・・・・・52, 147, 160
明日の日本を支える観光ビジョン・・・3
アドバイス ・・・・・・・・・・ 106, 139, 156
域内調達率 ・・・・・・・・・・・ 7, 111, 119
イベント ・・・・・・・ 56, 155, 176, 180
インタープリテーション ・・・・・・38, 40
インバウンド誘致 ・・・・・・・・・・・・ 177
受入環境 ・・・・・・・・・・・・・・・ 164, 170
売れる商品づくり・・・・・・・・・・・・・ 102
エネルギー・・・・・ 92, 111, 112, 116,
　117
エンターテインメント ・・・・49, 50, 58
欧米人 ・・・・・・・・・・・・・・・ 22, 45, 49
オフシーズン ・・・・・・・・・16, 115, 141
オリジナル商品 ・・101, 103, 183, 184
温浴施設 ・・・・・・・・・・・・・・・・・・ 111

か

海外展開 ・・・・・・・・・・・・・・・・・ 144
家族手当 ・・・・・・・・・・・・・・・・・ 123
株式会社八十二銀行 ・・・・・・・・・・・・68
簡易宿所 ・・・・・・・・・・・・・・・・87, 88
観光資源 ・・・・・・・・・・・・・・・ 23, 55
観光施策 ・・・・・・・・・・・・・・・ 5, 173
観光需要 ・・・・・ 4, 16, 170, 174, 175
観光消費額 ・・・・・・・・・・・・・・・ 8, 10
観光振興計画 ・・・・・・・・・・・・・・・・8
観光庁 ・・・・・・・・・・・・・・・・89, 164
閑散期 ・・・・・・・・・・・・・・・・・・・ 138
李節限定 ・・・・・・・・・・・・・・・・・ 103
休日制度 ・・・・・・・・・・・・・・・・・ 121
郷土料理 ・・・・・・・・・・ 147, 151, 160
京町家 ・・・・・・・・・・・・・・・・・81, 88
勤務シフト ・・・・・・・・・・・・・・・・ 120
空港民営化 ・・・・・・・・・・・ 25, 26, 28
クーポン券 ・・・・・・・・・・・・・・64, 149
ゲストハウス ・・・・・・・ 23, 59, 81, 173
現地ツアー ・・・・・・・・・・・・・ 50, 124
広域ルート ・・・・・・・・・・・ 15, 21, 142
広域連携 ・・・・・・・・25, 135, 142, 143
高価格帯 ・・・・・・・・・・・・・81, 82, 83
公共交通機関・・・・・・・・・・・・・・21, 70
耕作放棄地 ・・・・・・・・・・・・・・・・ 110
交流 ・・・・・・・・・ 3, 20, 62, 67, 127
コールセンター ・・・・・・・・・・・・ 15, 32

◆ 188 ◆

索　引

ゴールデンルート ········· 166, 167
国際観光モデル地区 ······· 133, 136
個人観光客 ············· 72, 79, 86
個別手配 ·······················2
古民家 ········ 37, 42, 81, 88, 111
雇用 ············91, 111, 119, 170
娯楽サービス費 ·············49, 50
コンサルティング ·········· 94, 106

さ

サイクリングツアー ·· 108, 126, 127
試験販売 ················· 105, 110
市場を通した流通構造 ············97
周遊パス ············· 3, 15, 70, 72
需要喚起 ····················· 175
重要伝統的建造物群保存地区 ······24
宿坊 ····················· 16, 44
小劇場 ····················57, 58
商品開発 ····················77, 102
消費拠点 ············· 51, 60, 172
消費促進 ··········· 147, 155, 160
消費の場 ·········· 22, 77, 79, 81
消防法 ····················· 89
食材 ·········· 8, 52, 91, 144, 154
人材育成 ············· 119, 120, 121
森林資源 ················· 111, 112
スノーモンキー ················· 65
スマートフォン ·········· 20, 46, 85
生産者サポート ··············· 104
世界遺産 ······ 18, 20, 44, 143, 164

た

待遇改善 ············· 119, 121, 122
体験 ··············· 38, 44, 57, 76
多言語対応 ·················53, 64
団体ツアー客 ···· 71, 130, 167, 177, 182
地域経済 ·········· 7, 10, 48, 68, 69
地域経済活性化支援機構（REVIC）
 ······························ 68
地域経済循環 ·····················7
地域住民 ····· 7, 113, 124, 161, 172
地域伝統野菜 ················· 109
地域の商店や飲食店 ······· 92, 124
地域らしさ ·····················99
地産地消 ··········· 91, 97, 99, 100
着地型商品 ·····················27
直売所 ····················· 103
テストマーケティング ·········· 152
伝統工芸品 ········· 4, 24, 34, 144
伝統的建造物群保存地区 ·····24, 136
伝統野菜 ·········95, 100, 109, 110
統計 ····················· 173
特産品コンシェルジュ ····· 106, 107
トップセールス ··· 8, 138, 143, 163, 168
トラベルアプリ ······ 32, 33, 34, 36
トリップアドバイザー ····14, 22, 59, 60, 64

な

担い手不足 ··················· 110

◆ 189 ◆

人気商品 ······················· 102	
燃料の供給 ················· 112, 116	

は

ハードリピーター ·············· 146

泊食分離 ························23

働く人の満足度
(Employee Satisfaction: ES) ··· 120

パンフレット ·· 21, 46, 64, 139, 178

ファムトリップ ·············· 8, 139

福利厚生 ······················ 119

物販 ···········90, 137, 144, 147

富裕層 ··················· 16, 43, 47

ブランド化 ················ 144, 145

プロモーションメニュー ········ 148

平準化 ···········16, 115, 167, 174

ホステル ······················· 67

ホスピタリティ ··················35

ま

街歩き ·························· 127

マルチタスク化 ················ 121

マルチモーダルハブ ······ 25, 26, 27

道の駅 ·····················92, 102

見本市・商談会 ·················· 8

土産 ················· 91, 102, 183

みろく横丁 ·······················61

民活空港運営法 ··················25

ムスリム ······················ 168

木質バイオマス ················ 112

モチベーション ················ 120

や

誘客 ········· 137, 144, 148, 176

有楽町産直飲食街 ··········· 56, 57

ら

ラムサール条約 ············· 23, 192

リピーター ················· 3, 139

旅館業法 ······················· 87

旅行消費額 ···················3, 4, 48

旅行消費単価 ·····················48

レンタカー ····· 15, 33, 43, 71, 151

ロングラン公演 ················· 57

―育て、磨き、輝かせる―
インバウンドの消費促進と地域経済活性化

平成30年7月1日　第1刷発行

編　著　公益財団法人　日本交通公社

発　行　株式会社 ぎょうせい

〒136-8575　東京都江東区新木場1-18-11
電話 編集　03-6892-6508
営業　03-6892-6666
フリーコール　0120-953-431

URL：https://gyosei.jp

〈検印省略〉

印刷　ぎょうせいデジタル㈱　　　　©2018 Printed in Japan
※乱丁・落丁本はお取り替えいたします。
ISBN978-4-324-10494-1
(5108422-00-000)
〔略号：インバウンド〕